Sabores da Índia para Iniciantes
Descubra a Magia da Culinária Indiana

Ravi Patel

Índice

Murgh Bagan-e-Bahar 18
    Ingredientes 18
    Método 19
Frango Manteiga 20
    Ingredientes 20
    Método 21
Frango Sukha 22
    Ingredientes 22
    Método 23
frango assado indiano 24
    Ingredientes 24
    Método 25
Mistura Picante 26
    Ingredientes 26
    Método 26
Caril de Frango com Coco Seco 27
    Ingredientes 27
    Método 28
frango simples 29
    Ingredientes 29
    Método 30
Curry de Frango do Sul 31
    Ingredientes 31

Para o tempero: 32

Método 32

Ensopado de Frango em Leite de Coco 33

Ingredientes 33

Método 34

Chandi Tikka 35

Ingredientes 35

Método 36

Frango tandoori 37

Ingredientes 37

Método 38

Murgh Lajawab 39

Ingredientes 39

Método 40

Frango Lahori 41

Ingredientes 41

Método 42

Fígado de galinha 43

Ingredientes 43

Método 43

frango balti 44

Ingredientes 44

Método 45

frango picante 46

Ingredientes 46

Método 47

dilruba de frango 48

    Ingredientes...48

    Método..49

Asas de Frango Frito 50

    Ingredientes...50

    Método..50

Murgh Mussalam 51

    Ingredientes...51

    Método..52

delícia de frango 53

    Ingredientes...53

    Método..54

Frango Salli 55

    Ingredientes...55

    Método..56

Tikka Frango Frito 57

    Ingredientes...57

    Método..58

frango à procura 59

    Ingredientes...59

    Método..59

Nadan Kozhikari 60

    Ingredientes...60

    Método..61

frango da mamãe 62

    Ingredientes...62

    Método..63

Frango Methi 64

Ingredientes 64

Método 65

Coxinhas De Frango Picante 66

Ingredientes 66

Para a mistura de especiarias: 66

Método 67

Caril de Frango Dieter 68

Ingredientes 68

Método 69

Frango Celestial 70

Ingredientes 70

Para a mistura de especiarias: 70

Método 71

Rizala De Frango 72

Ingredientes 72

Método 73

surpresa de frango 74

Ingredientes 74

Método 75

frango com queijo 76

Ingredientes 76

Para a marinada: 76

Método 77

Carne Korma 78

Ingredientes 78

Para a mistura de especiarias: 78

Método 79

Dhal Khema 80
    Ingredientes 80
    Para a mistura de especiarias: 81
    Método 81
Caril De Porco 83
    Ingredientes 83
    Para a mistura de especiarias: 83
    Método 84
Shikampoore Kebab 85
    Ingredientes 85
    Método 86
Carneiro Especial 88
    Ingredientes 88
    Para a mistura de especiarias: 88
    Método 89
Costeletas de Masala Verde 90
    Ingredientes 90
    Para a mistura de especiarias: 90
    Método 91
kebab em camadas 92
    Ingredientes 92
    Para a camada branca: 92
    Para a camada verde: 92
    Para a camada laranja: 93
    Para a camada de carne: 93
    Método 93
Barrah Campeão 95

Ingredientes 95

Método 96

picles de cordeiro 97

Ingredientes 97

Método 98

Caril de Cordeiro Goês 99

Ingredientes 99

Para a mistura de especiarias: 99

Método 100

Carne de Bagara 101

Ingredientes 101

Para a mistura de especiarias: 101

Método 102

Fígado em Leite de Coco 103

Ingredientes 103

Para a mistura de especiarias: 103

Método 104

Masala de Cordeiro com Iogurte 105

Ingredientes 105

Para a mistura de especiarias: 105

Método 106

Korma em Khada Masala 107

Ingredientes 107

Método 108

Caril de Cordeiro e Rim 110

Ingredientes 110

Para a mistura de especiarias: 111

Método 111
Gosht Gulfaam 113
    Ingredientes 113
    Para o molho: 113
    Método 114
Cordeiro Do Pyaaza 115
    Ingredientes 115
    Método 116
Espetada de Peixe 117
    Ingredientes 117
    Para o recheio: 117
    Método 118
costeletas de peixe 120
    Ingredientes 120
    Método 121
Peixe Sookha 123
    Ingredientes 123
    Método 124
Mahya Kalia 125
    Ingredientes 125
    Método 126
Caril de Camarão Rosachi 127
    Ingredientes 127
    Método 128
Peixe Recheado com Tâmaras e Amêndoas 129
    Ingredientes 129
    Método 129

Peixe Tandoori 131
    Ingredientes 131
    Método 131
Peixe com Legumes 132
    Ingredientes 132
    Método 133
Tandoor Gulnar 134
    Ingredientes 134
    Para a primeira marinada: 134
    Para a segunda marinada: 134
Camarões em Masala Verde 135
    Ingredientes 135
    Método 136
Costelinha de Peixe 137
    Ingredientes 137
    Método 138
Parsi Fish Sas 139
    Ingredientes 139
    Método 140
Peshawari Machhi 141
    Ingredientes 141
    Método 141
caril de caranguejo 142
    Ingredientes 142
    Método 143
peixe mostarda 144
    Ingredientes 144

- Método 144
- Meen Vattichathu 145
  - Ingredientes 145
  - Método 146
- Doi Maach 147
  - Ingredientes 147
  - Para a marinada: 147
  - Método 148
- Peixe frito 149
  - Ingredientes 149
  - Método 149
- Machher Chop 150
  - Ingredientes 150
  - Método 150
- Espada Goa 152
  - Ingredientes 152
  - Método 153
- Masala de Peixe Seco 154
  - Ingredientes 154
  - Método 154
- Caril de Camarão Madras 155
  - Ingredientes 155
  - Método 155
- peixe em feno-grego 156
  - Ingredientes 156
  - Método 157
- Karimeen Porichathu 158

Ingredientes 158

Método 159

camarões jumbo 160

Ingredientes 160

Método 161

Peixe em conserva 162

Ingredientes 162

Método 162

Bola De Peixe Caril 164

Ingredientes 164

Método 165

Peixe Amritsari 166

Ingredientes 166

Método 166

Camarões Fritos Masala 167

Ingredientes 167

Método 168

Peixe Salgado com Cobertura 169

Ingredientes 169

Método 170

Camarão Pasanda 171

Ingredientes 171

Método 172

Espadarte Rechaido 173

Ingredientes 173

Método 174

Teekha Jhinga 175

Ingredientes 175
Método 176
Balchow De Camarão 177
Ingredientes 177
Método 177
camarão bhujna 179
Ingredientes 179
Método 180
Chingdi Macher Malai 181
Ingredientes 181
Método 182
Sorse Batata De Peixe 183
Ingredientes 183
Método 183
Caldo de peixe 184
Ingredientes 184
Método 185
Jhinga Nissa 186
Ingredientes 186
Método 187
Lula Vindaloo 188
Ingredientes 188
Método 189
Balchow de lagosta 190
Ingredientes 190
Método 191
Camarões com Berinjela 192

Ingredientes 192

    Método 193

camarão verde 194

    Ingredientes 194

    Método 194

Peixe com Coentros 195

    Ingredientes 195

    Método 195

peixe malai 196

    Ingredientes 196

    Para a mistura de especiarias: 196

    Método 197

Caril de Peixe Concani 198

    Ingredientes 198

    Método 198

Camarões picantes com alho 199

    Ingredientes 199

    Método 200

Curry de Peixe Simples 201

    Ingredientes 201

    Método 201

curry de peixe goês 202

    Ingredientes 202

    Método 203

Camarão Vindaloo 204

    serve 4 204

    Ingredientes 204

Método 205
Peixe em Green Masala 206
    Ingredientes 206
    Método 207
Amêijoas Masala 208
    Ingredientes 208
    Método 209
peixe tikka 210
    Ingredientes 210
    Método 211
Berinjela recheada com camarão 212
    Ingredientes 212
    Método 213
Camarões com Alho e Canela 214
    Ingredientes 214
    Método 214
Linguado Cozido na Mostarda 215
    Ingredientes 215
    Método 215
Curry de Peixe Amarelo 216
    Ingredientes 216
    Método 216
Arroz De Cogumelos 218
    Ingredientes 218
    Método 218
Arroz De Coco Simples 220
    Ingredientes 220

    Método 220
Pulão Misto 221
    Ingredientes 221
    Método 222

Murgh Bagan-e-Bahar

(coxinhas de frango grelhadas)

serve 4

Ingredientes

sal a gosto

1½ colher de chá de pasta de gengibre

1½ colher de chá de pasta de alho

1 colher de chá de garam masala

8 sobrecoxas de frango

30g / 1oz folhas de hortelã, picadas finamente

2 colheres de sopa de sementes de romã secas

50g/1¾oz iogurte

1 colher de chá de pimenta preta moída

Suco de 1 limão

Masala Chaat*provar

Método

- Misture o sal, a pasta de gengibre, a pasta de alho e o garam masala. Faça incisões nas coxas e deixe-as marinar com esta mistura por 1 hora.

- Moer os ingredientes restantes, exceto o chaat masala.

- Misture a mistura moída com o frango e reserve por 4 horas.

- Grelhe o frango por 30 minutos. Polvilhe com o chaat masala. Servir.

Frango Manteiga

serve 4

Ingredientes

1kg/2¼lb de frango, cortado em 12 pedaços

sal a gosto

1 colher de chá de açafrão

Suco de 1 limão

4 colheres de sopa de manteiga

3 cebolas grandes, bem picadas

1 colher de chá de pasta de gengibre

1 colher de sopa de pasta de alho

1 c. de sopa de coentros moídos

4 tomates grandes em purê

125g/4½oz de iogurte

Método

- Marinar o frango com sal, açafrão e suco de limão por uma hora.

- Aqueça a manteiga em uma panela. Adicione as cebolas e frite até ficarem translúcidas.

- Adicione a pasta de gengibre, a pasta de alho e os coentros moídos. Frite em fogo médio por 5 minutos.

- Adicione o frango marinado. Frite por 5 minutos. Adicione o purê de tomate e o iogurte. Cubra com uma tampa e cozinhe por 35 minutos. Servir quente.

Frango Sukha

(frango seco)

serve 4

Ingredientes

2 colheres de sopa de óleo vegetal refinado

4 cebolas grandes, bem picadas

1kg/2¼lb de frango, cortado em 12 pedaços

4 tomates, finamente picados

1 colher de chá de açafrão

2 pimentões verdes, fatiados

8 dentes de alho, esmagados

5cm / 2in raiz de gengibre, ralado

2 colheres de sopa de garam masala

2 cubos de caldo de galinha

sal a gosto

50g/1¾oz folhas de coentro, picadas

Método

- Aqueça o óleo em uma panela. Frite as cebolas em fogo médio até dourar. Adicione os restantes ingredientes, exceto as folhas de coentros.

- Misture bem e cozinhe em fogo baixo por 40 minutos, mexendo de vez em quando.

- Decore com as folhas de coentro. Servir quente.

frango assado indiano

serve 4

Ingredientes

1kg/2¼lb de frango

1 c. de sopa de sumo de limão

sal a gosto

2 cebolas grandes

2,5 cm/1 polegada raiz de gengibre

4 dentes de alho

3 cravos

3 vagens de cardamomo verde

5 cm/2 pol. de canela

4 colheres de sopa de óleo vegetal refinado

200g/7 onças de farinha de rosca

2 maçãs, picadas

4 ovos cozidos picados

Método

- Marinar o frango com o suco de limão e sal por 1 hora.

- Moer cebola, gengibre, alho, cravo, cardamomo e canela com água suficiente para formar uma pasta lisa.

- Aqueça o óleo em uma panela. Adicione a pasta e frite em fogo baixo por 7 minutos. Adicione a farinha de rosca, as maçãs e o sal. Cozinhe por 3-4 minutos.

- Recheie o frango com esta mistura e leve ao forno a 230°C (450°F, Gás Mark 8) por 40 minutos. Decore com os ovos. Servir quente.

Mistura Picante

serve 4

Ingredientes

3 colheres de sopa de óleo vegetal refinado

750g/1lb 10oz salsichas de frango, fatiadas

4 pimentões verdes, cortados em juliana

1 c. de chá de malagueta em pó

2 colheres de chá de cominho moído

10 dentes de alho bem picados

3 tomates, esquartejados

4 colheres de sopa de água fria

½ colher de chá de pimenta moída na hora

sal a gosto

4 ovos levemente batidos

Método

- Aqueça o óleo em uma panela. Adicione as linguiças e frite em fogo médio até dourar. Adicione todos os ingredientes restantes, exceto os ovos. Misture bem. Cozinhe em fogo baixo por 8-10 minutos.

- Adicione delicadamente os ovos e mexa até que os ovos estejam prontos. Servir quente.

Caril de Frango com Coco Seco

serve 4

Ingredientes

1kg/2¼lb de frango, cortado em 12 pedaços

sal a gosto

Suco de meio limão

1 cebola grande, fatiada

4 colheres de sopa de coco ralado

1 colher de chá de açafrão

8 dentes de alho

2,5 cm/1 polegada raiz de gengibre

½ colher de chá de sementes de funcho

1 colher de chá de garam masala

1 colher de chá de sementes de papoula

4 colheres de sopa de óleo vegetal refinado

500ml/16fl oz água

Método

- Marinar o frango com sal e suco de limão por 30 minutos.

- Asse a cebola e o coco por 5 minutos.

- Misture com todos os ingredientes restantes, exceto o óleo e a água. Moer com água suficiente para formar uma pasta lisa.

- Aqueça o óleo em uma panela. Adicione a pasta e frite em fogo baixo por 7-8 minutos. Adicione o frango e a água. Cozinhe por 40 minutos. Servir quente.

frango simples

serve 4

Ingredientes

1kg/2¼lb de frango, cortado em 8 pedaços

sal a gosto

1 c. de chá de malagueta em pó

½ colher de chá de açafrão

3 colheres de sopa de óleo vegetal refinado

2 cebolas grandes, em fatias finas

1 colher de chá de pasta de gengibre

1 colher de sopa de pasta de alho

4-5 pimentas vermelhas inteiras, sem sementes

4 tomates pequenos bem picados

1 colher de sopa de garam masala

250ml/8fl oz água

Método

- Marinar o frango com sal, pimenta em pó e açafrão por 1 hora.

- Aqueça o óleo em uma panela. Adicione as cebolas e frite em fogo médio até dourar. Adicione a pasta de gengibre e a pasta de alho. Frite por 1 minuto.

- Adicione o frango marinado e os demais ingredientes. Misture bem. Cubra com uma tampa e cozinhe por 40 minutos. Servir quente.

Curry de Frango do Sul

serve 4

Ingredientes

1 colher de chá de pasta de gengibre

1 colher de sopa de pasta de alho

2 malaguetas verdes, finamente picadas

1 colher de suco de limão

sal a gosto

1kg/2¼lb de frango, cortado em 10 pedaços

3 colheres de sopa de óleo vegetal refinado

2,5 cm/1 polegada de canela

3 vagens de cardamomo verde

3 cravos

1 anis estrelado

2 folhas de louro

3 cebolas grandes, bem picadas

½ colher de chá de pimenta em pó

½ colher de chá de açafrão

1 c. de sopa de coentros moídos

250ml/8fl oz de leite de coco

Para o tempero:

½ colher de chá de sementes de mostarda

8 folhas de caril

3 pimentas vermelhas secas inteiras

Método

- Misture a pasta de gengibre, pasta de alho, pimenta verde, suco de limão e sal. Marinar o frango com esta mistura durante 30 minutos.

- Aqueça metade do óleo em uma panela. Adicione a canela, o cardamomo, os cravinhos, o anis estrelado e as folhas de louro. Deixe-os salpicar por 30 segundos.

- Adicione as cebolas e frite-as em fogo médio até dourar.

- Adicione o frango marinado, pimenta em pó, açafrão e coentro moído. Misture bem e cubra com uma tampa. Cozinhe em fogo baixo por 20 minutos.

- Adicione o leite de coco. Misture bem e cozinhe por mais 10 minutos, mexendo sempre. Deixou de lado.

- Aqueça o óleo restante em uma panela pequena. Adicione os ingredientes do tempero. Deixe-os salpicar por 30 segundos.

- Despeje este tempero no curry de frango. Misture bem e sirva quente.

Ensopado de Frango em Leite de Coco

serve 4

Ingredientes

2 colheres de sopa de óleo vegetal refinado

2 cebolas cortadas em 8 pedaços cada

1 colher de chá de pasta de gengibre

1 colher de sopa de pasta de alho

3 pimentões verdes, cortados no sentido do comprimento

2 colheres de sopa de garam masala

8 sobrecoxas de frango

750ml/1¼ litro de leite de coco

200g / 7oz vegetais mistos congelados

sal a gosto

2 colheres de chá de farinha de arroz, dissolvida em 120ml/4fl oz de água

Método

- Aqueça o óleo em uma panela. Adicione a cebola, pasta de gengibre, pasta de alho, pimenta verde e garam masala. Frite por 5 minutos, mexendo sempre.

- Adicione as coxinhas e o leite de coco. Misture bem. Cozinhe por 20 minutos.

- Adicione os legumes e o sal. Misture bem e cozinhe por 15 minutos.

- Adicione a mistura de farinha de arroz. Cozinhe por 5-10 minutos e sirva quente.

Chandi Tikka

(Pedaços de Frango Frito cobertos com Farinha de Aveia)

serve 4

Ingredientes

1 c. de sopa de sumo de limão

1 colher de chá de pasta de gengibre

1 colher de sopa de pasta de alho

75g/2½ oz Queijo Cheddar

200g/7 onças de iogurte

¾ colher de chá de pimenta branca moída

1 colher de chá de sementes de cominho preto

sal a gosto

4 peitos de frango

1 ovo, batido

45g/1½oz farinha de aveia

Método

- Misture todos os ingredientes, menos o peito de frango, o ovo e a farinha de aveia. Marinar o frango com esta mistura por 3-4 horas.

- Mergulhe os peitos de frango marinados no ovo, passe na farinha de aveia e grelhe por uma hora, virando de vez em quando. Servir quente.

Frango tandoori

serve 4

Ingredientes

1 c. de sopa de sumo de limão

2 colheres de chá de pasta de gengibre

2 colheres de pasta de alho

2 malaguetas verdes, finamente raladas

1 colher de sopa de folhas de coentro, moídas

1 c. de chá de malagueta em pó

1 colher de sopa de garam masala

1 colher de sopa de mamão cru moído

½ colher de chá de corante alimentício laranja

1½ colher de sopa de óleo vegetal refinado

sal a gosto

1kg/2¼lb frango inteiro

Método

- Misture todos os ingredientes, menos o frango. Faça incisões no frango e deixe marinar com esta mistura por 6-8 horas.

- Asse o frango no forno a 200°C (400°F, Gás Mark 6) por 40 minutos. Servir quente.

Murgh Lajawab

(Frango Cozido com Ricas Especiarias Indianas)

serve 4

Ingredientes

1kg/2¼lb de frango, cortado em 8 pedaços 1 colher de chá de pasta de gengibre

1 colher de sopa de pasta de alho

4 colheres de sopa de ghee

2 colheres de chá de sementes de papoula, moídas

1 colher de chá de sementes de melão*, chão

6 amêndoas

3 vagens de cardamomo verde

¼ colher de chá de noz-moscada moída

1 colher de chá de garam masala

2 peças de maça

sal a gosto

750ml/1¼ litro de leite

6 fios de açafrão

Método

- Marinar o frango com a pasta de gengibre e pasta de alho por uma hora.

- Aqueça o ghee em uma panela e frite o frango marinado por 10 minutos em fogo médio.

- Adicione todos os ingredientes restantes, exceto o leite e o açafrão. Misture bem, cubra com uma tampa e cozinhe por 20 minutos.

- Adicione o leite e o açafrão e cozinhe por 10 minutos. Servir quente.

Frango Lahori

(frango ao estilo da fronteira noroeste)

serve 4

Ingredientes

50g/1¾oz iogurte

1 colher de chá de pasta de gengibre

1 colher de sopa de pasta de alho

1 c. de chá de malagueta em pó

½ colher de chá de açafrão

1kg/2¼lb de frango, cortado em 12 pedaços

4 colheres de sopa de óleo vegetal refinado

2 cebolas grandes, bem picadas

1 colher de chá de sementes de gergelim, moídas

1 colher de chá de sementes de papoula, moídas

10 castanhas de caju moídas

2 pimentões verdes grandes, sem sementes e finamente picados

500ml/16fl oz leite de coco

sal a gosto

Método

- Misture o iogurte, pasta de gengibre, pasta de alho, pimenta em pó e açafrão. Marinar o frango com esta mistura durante 1 hora.

- Aqueça o óleo em uma panela. Refogue a cebola em fogo baixo até dourar.

- Adicione o frango marinado. Frite por 7-8 minutos. Adicione todos os ingredientes restantes e cozinhe por 30 minutos, mexendo ocasionalmente. Servir quente.

Fígado de galinha

serve 4

Ingredientes

3 colheres de sopa de óleo vegetal refinado

2 cebolas grandes, em fatias finas

5 dentes de alho, picados

8 fígados de galinha

1 colher de chá de pimenta preta moída

1 colher de suco de limão

sal a gosto

Método

- Aqueça o óleo em uma panela. Adicione as cebolas e o alho. Frite em fogo médio por 3-4 minutos.

- Adicione todos os ingredientes restantes. Frite por 15-20 minutos, mexendo ocasionalmente. Servir quente.

frango balti

serve 4

Ingredientes

4 colheres de sopa de ghee

1 colher de chá de açafrão

1 colher de sopa de sementes de mostarda

1 c. de sopa de sementes de cominhos

8 dentes de alho bem picados

Raiz de gengibre de 2,5 cm/1 polegada, finamente picada

3 cebolas pequenas, bem picadas

7 pimentões verdes

750g/1lb 10 onças de peito de frango, picado

1 c. de sopa de coentros moídos

1 colher de sopa de natas

1 colher de chá de garam masala

sal a gosto

Método

- Aqueça o ghee em uma panela. Adicione a cúrcuma, as sementes de mostarda e as sementes de cominho. Deixe-os salpicar por 30 segundos. Adicione o alho, gengibre, cebola e pimentão verde e frite em fogo médio por 2-3 minutos.

- Adicione todos os ingredientes restantes. Cozinhe em fogo baixo por 30 minutos, mexendo de vez em quando. Servir quente.

frango picante

serve 4

Ingredientes

8 sobrecoxas de frango

2 colheres de chá de molho de pimenta verde

2 colheres de sopa de óleo vegetal refinado

2 cebolas grandes, em fatias finas

10 dentes de alho bem picados

sal a gosto

pitada de açúcar

2 c. de chá de vinagre de malte

Método

- Marinar o frango com o molho de pimenta por 30 minutos.

- Aqueça o óleo em uma panela. Adicione as cebolas e frite em fogo médio até ficarem translúcidas.

- Adicione o alho, o frango marinado e o sal. Misture bem e cozinhe em fogo baixo por 30 minutos, mexendo de vez em quando.

- Adicione o açúcar e o vinagre. Misture bem e sirva quente.

dilruba de frango

(frango em molho rico)

serve 4

Ingredientes

5 colheres de sopa de óleo vegetal refinado

20 amêndoas moídas

20 castanhas de caju moídas

2 cebolas pequenas, moídas

5cm / 2in raiz de gengibre, ralado

1kg/2¼lb de frango, cortado em 8 pedaços

200g/7 onças de iogurte

240ml/6fl oz de leite

1 colher de chá de garam masala

½ colher de chá de açafrão

1 c. de chá de malagueta em pó

sal a gosto

1 pitada de açafrão embebido em 1 colher de sopa de leite

2 colheres de sopa de folhas de coentro, picadas

Método

- Aqueça o óleo em uma panela. Adicione as amêndoas, a castanha de caju, a cebola e o gengibre. Frite em fogo médio por 3 minutos.

- Adicione o frango e o iogurte. Misture bem e cozinhe em fogo médio por 20 minutos.

- Adicione o leite, garam masala, açafrão, pimenta em pó e sal. Misture bem. Cubra com uma tampa e cozinhe em fogo baixo por 20 minutos.

- Decore com o açafrão e as folhas de coentro. Servir quente.

Asas de Frango Frito

serve 4

Ingredientes

¼ colher de chá de açafrão

1 colher de chá de garam masala

1 colher de chaat masala*

sal a gosto

1 ovo, batido

Óleo vegetal refinado para fritar

12 asas de frango

Método

- Misture o açafrão, garam masala, chaat masala, sal e ovo para fazer uma massa lisa.

- Aqueça o óleo em uma frigideira. Mergulhe as asas de frango na massa e frite em fogo médio até dourar.

- Escorra em papel absorvente e sirva quente.

Murgh Mussalam

(Frango recheado)

serve 6

Ingredientes

2 colheres de sopa de ghee

2 cebolas grandes, raladas

4 vagens de cardamomo preto, moídas

1 colher de chá de sementes de papoula

50g/1¾oz coco ralado

1 colher de sopa de maça

1kg/2¼lb de frango

4-5 colheres de sopa de besan*

2-3 folhas de louro

6-7 vagens de cardamomo verde

3 colheres de pasta de alho

200g/7 onças de iogurte

sal a gosto

Método

- Aqueça ½ colher de sopa de ghee em uma panela. Adicione as cebolas e frite até dourar.

- Adicione o cardamomo, sementes de papoula, coco e macis. Frite por 3 minutos.

- Recheie o frango com esta mistura e costure a abertura. Deixou de lado.

- Aqueça o ghee restante em uma panela. Adicione todos os ingredientes restantes e o frango. Cozinhe por 1 hora e meia, mexendo ocasionalmente. Servir quente.

delícia de frango

serve 4

Ingredientes

4 colheres de sopa de óleo vegetal refinado

5cm / 2in de canela em pó

1 colher de sopa de cardamomo em pó

8 cravos moídos

½ colher de chá de noz-moscada ralada

2 cebolas grandes, moídas

10 dentes de alho, esmagados

2,5 cm/1 polegada raiz de gengibre, ralado

sal a gosto

1kg/2¼lb de frango, cortado em 8 pedaços

200g/7 onças de iogurte

300g/10oz purê de tomate

Método

- Aqueça o óleo em uma panela. Adicione a canela, cardamomo, cravo, noz-moscada, cebola, alho e gengibre. Frite em fogo médio por 5 minutos.

- Adicione o sal, o frango, o iogurte e a polpa de tomate. Misture bem e cozinhe por 40 minutos, mexendo sempre. Servir quente.

Frango Salli

(frango com batata frita)

serve 4

Ingredientes

sal a gosto

1 colher de chá de pasta de gengibre

1 colher de sopa de pasta de alho

1kg/2¼lb de frango picado

3 colheres de sopa de óleo vegetal refinado

2 cebolas grandes, bem picadas

1 colher de açúcar

4 tomates em purê

1 colher de chá de açafrão

250 g/9 onças de batatas fritas salgadas simples

Método

- Misture o sal, a pasta de gengibre e a pasta de alho. Marinar o frango com esta mistura durante 1 hora. Deixou de lado.

- Aqueça o óleo em uma panela. Refogue a cebola em fogo baixo até dourar.

- Adicione o frango marinado e o açúcar, o purê de tomate e o açafrão. Cubra com uma tampa e cozinhe por 40 minutos, mexendo sempre.

- Polvilhe as batatas fritas por cima e sirva quente.

Tikka Frango Frito

serve 4

Ingredientes

1kg/2¼lb de frango desossado, picado

1 litro/1¾ litro de leite

1 colher de chá de açafrão

8 vagens de cardamomo verde

5 cravos

2,5 cm/1 polegada de canela

2 folhas de louro

250g/9 onças de arroz Basmati

4 colheres de chá de sementes de funcho

sal a gosto

150g/5½oz de iogurte

Óleo vegetal refinado para fritar

Método

- Misture o frango com o leite, o açafrão, o cardamomo, o cravo, a canela e o louro. Cozinhe em uma panela em fogo baixo por 50 minutos. Deixou de lado.

- Moer o arroz com as sementes de erva-doce, sal e água suficiente para formar uma pasta fina. Adicione esta pasta ao iogurte e bata bem.

- Aqueça o óleo em uma frigideira. Mergulhe os pedaços de frango na mistura de iogurte e frite em fogo médio até dourar. Servir quente.

frango à procura

serve 4

Ingredientes

500g/1lb 2oz frango, picado

10 dentes de alho, moídos

5cm / 2in raiz de gengibre, julienned

2 malaguetas verdes, finamente picadas

½ colher de chá de sementes de cominho preto

sal a gosto

Método

- Misture a carne moída com todos os ingredientes e amasse até obter uma massa lisa. Divida esta mistura em 8 porções iguais.

- Espete e grelhe por 10 minutos.

- Sirva quente com chutney de hortelã

Nadan Kozhikari

(frango com funcho e leite de coco)

serve 4

Ingredientes

½ colher de chá de açafrão

2 colheres de chá de pasta de gengibre

sal a gosto

1kg/2¼lb de frango, cortado em 8 pedaços

1 c. de sopa de sementes de coentros

3 pimentões vermelhos

1 colher de chá de sementes de funcho

1 colher de chá de sementes de mostarda

3 cebolas grandes

3 colheres de sopa de óleo vegetal refinado

750ml/1¼ litro de leite de coco

250ml/8fl oz água

10 folhas de caril

Método

- Misture o açafrão, a pasta de gengibre e o sal por 1 hora. Marinar o frango com esta mistura durante 1 hora.

- Toste a seco as sementes de coentros, malaguetas vermelhas, sementes de funcho e sementes de mostarda. Misture com as cebolas e moa até obter uma pasta lisa.

- Aqueça o óleo em uma panela. Adicione a pasta de cebola e frite em fogo baixo por 7 minutos. Adicione o frango marinado, o leite de coco e a água. Cozinhe por 40 minutos. Sirva decorado com as folhas de curry.

frango da mamãe

serve 4

Ingredientes

3 colheres de sopa de óleo vegetal refinado

5 cm/2 pol. de canela

2 vagens de cardamomo verde

4 cravos

4 cebolas grandes, bem picadas

2,5 cm/1 polegada raiz de gengibre, ralado

8 dentes de alho, esmagados

3 tomates grandes bem picados

2 colheres de chá de coentro moído

1 colher de chá de açafrão

sal a gosto

1kg/2¼lb de frango, cortado em 12 pedaços

500ml/16fl oz água

Método

- Aqueça o óleo em uma panela. Adicione a canela, o cardamomo e os cravos. Deixe-os salpicar por 15 segundos.
- Adicione a cebola, o gengibre e o alho. Frite em fogo médio por 2 minutos.
- Adicione os ingredientes restantes, exceto a água. Frite por 5 minutos.
- Despeje a água. Misture bem e cozinhe por 40 minutos. Servir quente.

Frango Methi

(frango cozido com folhas de feno-grego)

serve 4

Ingredientes

1 colher de chá de pasta de gengibre

2 colheres de pasta de alho

2 colheres de chá de coentro moído

½ colher de chá de cravo moído

Suco de 1 limão

1kg/2¼lb de frango, cortado em 8 pedaços

4 colheres de sopa de manteiga

1 colher de chá de gengibre em pó seco

2 colheres de sopa de folhas secas de erva-doce

50g/1¾oz folhas de coentro, picadas

10g/¼oz de folhas de hortelã, picadas finamente

sal a gosto

Método

- Misture a pasta de gengibre, pasta de alho, coentro moído, cravo e metade do suco de limão. Marinar o frango com esta mistura durante 2 horas.
- Asse em forno a 200°C (400°F, Gas Mark 6) por 50 minutos. Deixou de lado.
- Aqueça a manteiga em uma panela. Adicione o frango assado e todos os ingredientes restantes. Misture bem. Cozinhe por 5-6 minutos e sirva quente.

Coxinhas De Frango Picante

serve 4

Ingredientes

8-10 coxas de frango, espetadas com um garfo

2 ovos, batidos

100g/3½oz semolina

Óleo vegetal refinado para fritar

Para a mistura de especiarias:

6 pimentões vermelhos

6 dentes de alho

2,5 cm/1 polegada raiz de gengibre

1 colher de sopa de folhas de coentro, picadas

6 cravos

15 pimenta preta

sal a gosto

4 colheres de sopa de vinagre de malte

Método

- Moer os ingredientes para a mistura de especiarias até obter uma pasta lisa. Marinar as coxas com esta pasta por uma hora.
- Aqueça o óleo em uma frigideira. Passe as sobrecoxas no ovo, passe na semolina e frite em fogo médio até dourar. Servir quente.

Caril de Frango Dieter

serve 4

Ingredientes

1 colher de chá de pasta de gengibre

1 colher de sopa de pasta de alho

200g/7 onças de iogurte

1 c. de chá de malagueta em pó

½ colher de chá de açafrão

2 tomates, bem picados

1 colher de chá de coentro moído

1 colher de cominho moído

1 colher de chá de folhas secas de feno-grego, esmagadas

2 colheres de chá de garam masala

1 colher de chá de picles de manga

sal a gosto

750g/1lb 10oz frango, picado

Método

- Misture todos os ingredientes, menos o frango. Marinar o frango com esta mistura durante 3 horas.
- Cozinhe a mistura em uma panela de barro ou caçarola em fogo baixo por 40 minutos. Adicione água se necessário. Servir quente.

Frango Celestial

serve 4

Ingredientes

4 colheres de sopa de óleo vegetal refinado

1kg/2¼lb de frango, cortado em 8 pedaços

sal a gosto

1 colher de pimenta

1 colher de chá de açafrão

6 cebolinhas, bem picadas

250ml/8fl oz água

Para a mistura de especiarias:

1½ colher de chá de pasta de gengibre

1½ colher de chá de pasta de alho

3 pimentões verdes, sem sementes e fatiados

2 pimentões verdes

½ coco fresco, ralado

2 tomates, bem picados

Método

- Moa os ingredientes da mistura de especiarias em uma pasta lisa.
- Aqueça o óleo em uma panela. Adicione a pasta e frite em fogo baixo por 7 minutos. Adicione os ingredientes restantes, exceto a água. Frite por 5 minutos. Adicione a água. Misture bem e cozinhe por 40 minutos. Servir quente.

Rizala De Frango

serve 4

Ingredientes

6 colheres de sopa de óleo vegetal refinado

2 cebolas grandes cortadas no sentido do comprimento

1 colher de chá de pasta de gengibre

1 colher de sopa de pasta de alho

2 colheres de sopa de sementes de papoula, moídas

1 c. de sopa de coentros moídos

2 pimentões verdes grandes, cortados em juliana

360ml/12fl oz água

1kg/2¼lb de frango, cortado em 8 pedaços

6 vagens de cardamomo verde

5 cravos

200g/7 onças de iogurte

1 colher de chá de garam masala

Suco de 1 limão

sal a gosto

Método

- Aqueça o óleo em uma panela. Adicione a cebola, a pasta de gengibre, a pasta de alho, as sementes de papoila e os coentros moídos. Frite em fogo baixo por 2 minutos.
- Adicione todos os ingredientes restantes e misture bem. Cubra com uma tampa e cozinhe por 40 minutos, mexendo de vez em quando. Servir quente.

surpresa de frango

serve 4

Ingredientes

150g/5½oz folhas de coentro, picadas

10 dentes de alho

2,5 cm/1 polegada raiz de gengibre

1 colher de chá de garam masala

1 colher de sopa de pasta de tamarindo

2 colheres de chá de sementes de cominho

1 colher de chá de açafrão

4 colheres de sopa de água

sal a gosto

1kg/2¼lb de frango, cortado em 8 pedaços

Óleo vegetal refinado para fritar

2 ovos, batidos

Método

- Moer todos os ingredientes, exceto o frango, óleo e ovos, em uma pasta lisa. Marinar o frango com esta pasta por 2 horas.
- Aqueça o óleo em uma frigideira. Mergulhe cada pedaço de frango nos ovos e frite em fogo médio até dourar. Servir quente.

frango com queijo

serve 4

Ingredientes

12 sobrecoxas de frango

4 colheres de sopa de manteiga

1 colher de chá de pasta de gengibre

1 colher de sopa de pasta de alho

2 cebolas grandes, bem picadas

1 colher de chá de garam masala

sal a gosto

200g/7 onças de iogurte

Para a marinada:

1 colher de chá de pasta de gengibre

1 colher de sopa de pasta de alho

1 c. de sopa de sumo de limão

¼ colher de chá de garam masala

4 colheres de sopa de natas

4 colheres de sopa de queijo Cheddar, ralado

sal a gosto

Método

- Fure todas as coxas com um garfo. Misture todos os ingredientes da marinada. Marinar as coxas com esta mistura por 8-10 horas.
- Aqueça a manteiga em uma panela. Adicione a pasta de gengibre e a pasta de alho. Frite em fogo médio por 1-2 minutos. Adicione todos os ingredientes restantes, exceto o iogurte. Frite por 5 minutos.
- Adicione as sobrecoxas e o iogurte. Cozinhe por 40 minutos. Servir quente.

Carne Korma

(Carne Cozida em Molho Picante)

serve 4

Ingredientes

4 colheres de sopa de óleo vegetal refinado

2 cebolas grandes, bem picadas

675g/1½lb de carne, cortada em pedaços de 2,5cm/1in

360ml/12fl oz água

½ colher de chá de canela em pó

120ml/4fl oz creme simples

125g/4½oz de iogurte

1 colher de chá de garam masala

sal a gosto

10g/¼oz de folhas de coentro, finamente picadas

Para a mistura de especiarias:

1½ colher de sopa de sementes de coentro

¾ colher de sopa de sementes de cominho

3 vagens de cardamomo verde

4 grãos de pimenta preta

6 cravos

2,5 cm/1 polegada raiz de gengibre

10 dentes de alho

15 amêndoas

Método

- Misture todos os ingredientes da mistura de especiarias e moa com água suficiente para formar uma pasta lisa. Deixou de lado.
- Aqueça o óleo em uma panela. Adicione as cebolas e frite-as em fogo médio até dourar.
- Adicione a pasta de mistura de especiarias e a carne. Frite por 2-3 minutos. Adicione a água. Misture bem e cozinhe por 45 minutos.
- Adicione a canela em pó, creme, iogurte, garam masala e sal. Mexa bem por 3-4 minutos.
- Decore o korma de carne com as folhas de coentro. Servir quente.

Dhal Khema

(picadinho com lentilhas)

serve 4

Ingredientes

675g/1½lb de cordeiro picado

1 colher de chá de pasta de gengibre

1 colher de sopa de pasta de alho

3 cebolas grandes, bem picadas

360ml/12fl oz água

sal a gosto

600g/1lb 5oz chana dhal*, embebido em 250ml/8fl oz de água por 30 minutos

½ colher de chá de pasta de tamarindo

60ml/2fl oz óleo vegetal refinado

4 cravos

2,5 cm/1 polegada de canela

2 vagens de cardamomo verde

4 grãos de pimenta preta

10g/¼oz de folhas de coentro, finamente picadas

Para a mistura de especiarias:

2 colheres de chá de sementes de coentro

3 pimentões vermelhos

½ colher de chá de açafrão

¼ colher de chá de sementes de cominho

25g/1oz de coco fresco ralado

1 colher de chá de sementes de papoula

Método

- Asse a seco todos os ingredientes da mistura de especiarias juntos. Moer esta mistura com água suficiente para formar uma pasta lisa. Deixou de lado.
- Misture o borrego picado com a pasta de gengibre, a pasta de alho, metade das cebolas, a restante água e o sal. Cozinhe em uma panela em fogo médio por 40 minutos.
- Adicione o chana dhal junto com a água em que foi embebido. Misture bem. Cozinhe por 10 minutos.
- Adicione a pasta de mistura de especiarias e a pasta de tamarindo. Cubra com uma tampa e cozinhe por 10 minutos, mexendo de vez em quando. Deixou de lado.
- Aqueça o óleo em uma frigideira. Adicione as cebolas restantes e frite-as em fogo médio até dourar.
- Adicione o cravo, canela, cardamomo e pimenta. Frite por um minuto.
- Retire do fogo e despeje diretamente sobre a mistura mince-dhal. Mexa bem por um minuto.
- Decore o dhal kheema com as folhas de coentro. Servir quente.

Caril De Porco

serve 4

Ingredientes

500g/1lb 2oz de carne de porco, cortada em pedaços de 2,5cm/1in

1 c. de sopa de vinagre de malte

6 folhas de caril

2,5 cm/1 polegada de canela

3 cravos

500ml/16fl oz água

sal a gosto

2 batatas grandes cortadas em cubinhos

3 colheres de sopa de óleo vegetal refinado

1 colher de chá de garam masala

Para a mistura de especiarias:

1 c. de sopa de sementes de coentros

1 colher de chá de sementes de cominho

6 pimenta preta

½ colher de chá de açafrão

4 pimentões vermelhos

2 cebolas grandes, bem picadas

Raiz de gengibre de 2,5 cm/1 polegada, fatiada

10 dentes de alho, fatiados

½ colher de chá de pasta de tamarindo

Método

- Misture todos os ingredientes para a mistura de especiarias. Moer com água suficiente para formar uma pasta lisa. Deixou de lado.
- Misture a carne de porco com o vinagre, folhas de curry, canela, cravo, água e sal. Cozinhe esta mistura em uma panela em fogo médio por 40 minutos.
- Adicione as batatas. Misture bem e cozinhe por 10 minutos. Deixou de lado.
- Aqueça o óleo em uma panela. Adicione a pasta de mistura de especiarias e frite em fogo médio por 3-4 minutos.
- Adicione a mistura de carne de porco e o garam masala. Misture bem. Cubra com uma tampa e cozinhe por 10 minutos, mexendo de vez em quando.
- Servir quente.

Shikampoore Kebab

(Kebab de cordeiro)

serve 4

Ingredientes

3 cebolas grandes

8 dentes de alho

2,5 cm/1 polegada raiz de gengibre

6 malaguetas vermelhas secas

4 colheres de sopa de ghee mais extra para fritar

1 colher de chá de açafrão

1 colher de chá de coentro moído

½ colher de chá de cominho moído

10 amêndoas moídas

10 pistaches moídos

1 colher de chá de garam masala

Pitada de canela em pó

1 colher de sopa de cravo moído

1 colher de sopa de cardamomo verde moído

2 c. de sopa de leite de coco

sal a gosto

1 colher de sopa de feijão*

750 g/1 lb 10 oz cordeiro, picado

200g/7oz iogurte grego

1 colher de sopa de folhas de hortelã, bem picadas

Método

- Misture a cebola, o alho, o gengibre e os pimentões.
- Moer esta mistura com água suficiente para formar uma pasta lisa.
- Aqueça o ghee em uma panela. Adicione esta pasta e frite em fogo médio por 1-2 minutos.
- Adicione o açafrão, o coentro moído e o cominho moído. Frite por um minuto.
- Adicione as amêndoas moídas, pistache moído, garam masala, canela moída, cravo moído e cardamomo. Continue a fritar por 2-3 minutos.
- Adicione o leite de coco e o sal. Misture bem. Mexa por 5 minutos.
- Adicione o besan e a carne moída. Misture bem. Cozinhe por 30 minutos, mexendo de vez em quando. Retire do fogo e deixe esfriar por 10 minutos.
- Quando a mistura de carne moída estiver fria, divida-a em 8 bolas e achate cada uma em uma costeleta. Deixou de lado.

- Bata bem o iogurte com as folhas de hortelã. Coloque uma colher grande desta mistura no centro de cada costeleta achatada. Feche como um saquinho, enrole em uma bola e achate novamente.
- Aqueça o ghee em uma frigideira. Adicione as costeletas e frite-as em fogo médio até dourar. Servir quente.

Carneiro Especial

serve 4

Ingredientes

5 colheres de sopa de ghee

4 cebolas grandes, fatiadas

2 tomates, fatiados

675g/1½lb de carneiro, cortado em pedaços de 3,5cm/1½in

1 litro/1¾ pints de água

sal a gosto

Para a mistura de especiarias:

10 dentes de alho

3 pimentões verdes

3,5 cm/1½ pol. de raiz de gengibre

4 cravos

2,5 cm/1 polegada de canela

1 c. de sopa de sementes de papoila

1 colher de chá de sementes de cominho preto

1 colher de chá de sementes de cominho

2 vagens de cardamomo verde

2 c. de sopa de sementes de coentros

7 grãos de pimenta

5 malaguetas vermelhas secas

1 colher de chá de açafrão

1 colher de sopa de chana dhal*

25g/escassas 1 onça de folhas de hortelã

25g / escassas folhas de coentro 1 oz

100g/3½oz de coco fresco, ralado

Método

- Misture todos os ingredientes da mistura de especiarias e moa com água suficiente para formar uma pasta lisa. Deixou de lado.
- Aqueça o ghee em uma panela. Adicione as cebolas e frite-as em fogo médio até dourar.
- Adicione a pasta de mistura de especiarias. Frite por 3-4 minutos, mexendo ocasionalmente.
- Adicione os tomates e carne de carneiro. Frite por 8-10 minutos. Adicione a água e o sal. Misture bem, tampe e cozinhe por 45 minutos, mexendo de vez em quando. Servir quente.

Costeletas de Masala Verde

serve 4

Ingredientes

750 g/1 lb 10 oz costeletas de carneiro

sal a gosto

360ml/12fl oz óleo vegetal refinado

3 batatas grandes cortadas em rodelas

5 cm/2 pol. de canela

2 vagens de cardamomo verde

4 cravos

3 tomates, finamente picados

¼ colher de chá de açafrão

120ml/4fl oz de vinagre

250ml/8fl oz água

Para a mistura de especiarias:

3 cebolas grandes

2,5 cm/1 polegada raiz de gengibre

10-12 dentes de alho

¼ colher de chá de sementes de cominho

6 pimentões verdes cortados no sentido do comprimento

1 colher de chá de sementes de coentro

1 colher de chá de sementes de cominho

50g/1¾oz folhas de coentro, finamente picadas

Método

- Marinar o carneiro com sal por uma hora.
- Misture todos os ingredientes da mistura de especiarias. Moer com água suficiente para formar uma pasta lisa. Deixou de lado.
- Aqueça metade do óleo em uma frigideira. Adicione as batatas e frite-as em fogo médio até que fiquem douradas. Escorra e reserve.
- Aqueça o óleo restante em uma panela. Adicione a canela, o cardamomo e os cravos. Deixe-os salpicar por 20 segundos.
- Adicione a pasta de mistura de especiarias. Frite em fogo médio por 3-4 minutos.
- Adicione os tomates e açafrão. Continue a fritar por 1-2 minutos.
- Adicione o vinagre e o carneiro marinado. Frite por 6-7 minutos.
- Adicione a água e misture bem. Cubra com uma tampa e cozinhe por 45 minutos, mexendo ocasionalmente.
- Adicione as batatas fritas. Cozinhe por 5 minutos, mexendo sempre. Servir quente.

kebab em camadas

serve 4

Ingredientes

120ml/4fl oz óleo vegetal refinado

100g/3½ oz de farinha de rosca

Para a camada branca:

450g/1lb de queijo de cabra, escorrido

1 batata grande, cozida

½ colher de sal

½ colher de chá de pimenta preta moída

½ colher de chá de pimenta em pó

Suco de meio limão

50g/1¾oz folhas de coentro, picadas

Para a camada verde:

200g/7 onças de espinafre

2 colheres de sopa de mung dhal*

1 cebola grande, finamente picada

2,5 cm/1 polegada raiz de gengibre

4 cravos

¼ colher de chá de açafrão

1 colher de chá de garam masala

sal a gosto

250ml/8fl oz água

2 colheres de sopa de feijão*

Para a camada laranja:

1 ovo, batido

1 cebola grande, finamente picada

1 c. de sopa de sumo de limão

¼ colher de chá de corante alimentício laranja

Para a camada de carne:

500g/1lb 2 onças de carne, picada

150 g / 5 ½ oz mung dhal*, embebido por 1 hora

5cm / 2in raiz de gengibre

6 dentes de alho

6 cravos

1 c. de sopa de cominho moído

1 c. de sopa de malagueta em pó

10 grãos de pimenta preta

600ml/1 litro de água

Método

- Misture e amasse os ingredientes da camada branca com um pouco de sal. Deixou de lado.

- Misture todos os ingredientes da camada verde, exceto o besan. Cozinhe em uma panela em fogo baixo por 45 minutos. Amasse com o besan e reserve.
- Misture todos os ingredientes para a camada de laranja com um pouco de sal. Deixou de lado.
- Para a camada de carne, misture todos os ingredientes com um pouco de sal e cozinhe em uma panela em fogo médio por 40 minutos. Esfrie e amasse.
- Divida a mistura de cada camada em 8 porções. Enrole em bolas e bata levemente para formar costeletas. Coloque 1 costeleta de cada camada sobre a outra, de modo que você tenha oito hambúrgueres de 4 camadas. Pressione levemente em kebabs de formato oblongo.
- Aqueça o óleo em uma frigideira. Passe as espetadas no pão ralado e frite-as em lume médio até ficarem douradas. Servir quente.

Barrah Campeão

(Costeleta de Borrego Assada)

serve 4

Ingredientes

1 colher de chá de pasta de gengibre

1 colher de sopa de pasta de alho

3 colheres de sopa de vinagre de malte

675g/1½lb costeletas de cordeiro

400g/14oz iogurte grego

1 colher de chá de açafrão

4 pimentões verdes bem picados

½ colher de chá de pimenta em pó

1 colher de chá de coentro moído

1 colher de cominho moído

1 colher de chá de canela em pó

¾ colher de chá de cravo moído

sal a gosto

1 colher de chaat masala*

Método

- Misture a pasta de gengibre e a pasta de alho com o vinagre. Marinar o borrego com esta mistura durante 2 horas.
- Misture todos os ingredientes restantes, exceto o chaat masala. Marinar as costeletas de borrego com esta mistura durante 4 horas.
- Espete as costeletas e asse em forno a 200°C (400°F, Gas Mark 6) por 40 minutos.
- Decore com o chaat masala e sirva quente.

picles de cordeiro

serve 4

Ingredientes

10 malaguetas vermelhas secas

10 dentes de alho

3,5 cm/1½ pol. de raiz de gengibre

sal a gosto

750ml/1¼ litro de água

2 colheres de sopa de iogurte

675g/1½lb de cordeiro, cortado em pedaços de 2,5cm/1in

250ml/8fl oz óleo vegetal refinado

1½ colher de chá de açafrão

1 c. de sopa de sementes de coentros

10 grãos de pimenta preta

3 vagens de cardamomo preto

4 cravos

3 folhas de louro

1 colher de sopa de maça ralada

¼ colher de chá de noz-moscada ralada

1 colher de chá de sementes de cominho

½ colher de chá de sementes de mostarda

100g/3½oz coco ralado

½ colher de chá de assa-fétida

Suco de 1 limão

Método

- Misture a pimenta vermelha, o alho, o gengibre e o sal. Moer com água suficiente para formar uma pasta lisa.
- Misture esta pasta com o iogurte. Marinar a carne com esta mistura durante 1 hora.
- Aqueça metade do óleo em uma panela. Adicione açafrão, sementes de coentro, pimenta em grão, cardamomo, cravo, louro, maça, noz-moscada, sementes de cominho, sementes de mostarda e coco. Frite em fogo médio por 2-3 minutos.
- Moer a mistura com água suficiente para formar uma pasta grossa.
- Adicione o óleo restante em uma panela. Adicione a assa-fétida. Deixe borbulhar por 10 segundos.
- Adicione a pasta de sementes de açafrão-coentro moída. Frite em fogo médio por 3-4 minutos.
- Adicione o cordeiro marinado e a água restante. Misture bem. Cubra com uma tampa e cozinhe por 45 minutos. Deixe esfriar.
- Adicione o suco de limão e misture bem. Guarde o picles de cordeiro em um recipiente hermético.

Caril de Cordeiro Goês

serve 4

Ingredientes

240ml/6fl oz óleo vegetal refinado

4 cebolas grandes, bem picadas

1 colher de chá de açafrão

4 tomates em purê

675g/1½lb de cordeiro, cortado em pedaços de 2,5cm/1in

4 batatas grandes cortadas em cubinhos

600ml/1 litro de leite de coco

120ml/4fl oz água

sal a gosto

Para a mistura de especiarias:

4 vagens de cardamomo verde

5 cm/2 pol. de canela

6 pimenta preta

1 colher de chá de sementes de cominho

2 cravos

6 pimentões vermelhos

1 anis estrelado

50g/1¾oz folhas de coentro, finamente picadas

3 pimentões verdes

1 colher de chá de pasta de gengibre

1 colher de sopa de pasta de alho

Método

- Para preparar a mistura de especiarias, toste a seco o cardamomo, canela, pimenta em grão, sementes de cominho, cravo, pimenta vermelha e anis estrelado por 3-4 minutos.
- Moer esta mistura com os restantes ingredientes da mistura de especiarias e água suficiente para formar uma pasta lisa. Deixou de lado.
- Aqueça o óleo em uma panela. Adicione as cebolas e frite-as em fogo médio até que fiquem translúcidas.
- Adicione o açafrão e o purê de tomate. Frite por 2 minutos.
- Adicione a pasta de mistura de especiarias. Continue a fritar por 4-5 minutos.
- Adicione o cordeiro e as batatas. Frite por 5-6 minutos.
- Adicione o leite de coco, a água e o sal. Misture bem. Cubra com uma tampa e cozinhe a mistura em fogo baixo por 45 minutos, mexendo de vez em quando. Servir quente.

Carne de Bagara

(carne cozida em rico molho indiano)

serve 4

Ingredientes

120ml/4fl oz óleo vegetal refinado

3 pimentões vermelhos

1 colher de chá de sementes de cominho

10 folhas de caril

2 cebolas grandes

½ colher de chá de açafrão

1 c. de chá de malagueta em pó

1 colher de chá de coentro moído

1 colher de chá de pasta de tamarindo

1 colher de chá de garam masala

500 g/1 lb 2 onças de carneiro, em cubos

sal a gosto

500ml/16fl oz água

Para a mistura de especiarias:

2 c. de sopa de sementes de sésamo

2 colheres de sopa de coco fresco, ralado

2 colheres de amendoim

2,5 cm/1 polegada raiz de gengibre

8 dentes de alho

Método

- Misture os ingredientes para a mistura de especiarias. Moer esta mistura com água suficiente para formar uma pasta lisa. Deixou de lado.
- Aqueça o óleo em uma panela. Adicione os pimentões vermelhos, sementes de cominho e folhas de curry. Deixe-os salpicar por 15 segundos.
- Adicione as cebolas e a pasta de mistura de especiarias. Frite em fogo médio por 4-5 minutos.
- Adicione os ingredientes restantes, exceto a água. Frite por 5-6 minutos.
- Adicione a água. Misture bem. Cubra com uma tampa e cozinhe por 45 minutos. Servir quente.

Fígado em Leite de Coco

serve 4

Ingredientes

750g/1lb 10oz fígado, cortado em pedaços de 2,5cm/1in

½ colher de chá de açafrão

sal a gosto

500ml/16fl oz água

5 colheres de sopa de óleo vegetal refinado

3 cebolas grandes, bem picadas

1 colher de sopa de gengibre, finamente picado

1 colher de sopa de dentes de alho, finamente picados

6 pimentões verdes cortados no sentido do comprimento

3 batatas grandes, cortadas em pedaços de 2,5 cm/1 polegada

1 c. de sopa de vinagre de malte

500ml/16fl oz leite de coco

Para a mistura de especiarias:

3 malaguetas vermelhas secas

2,5 cm/1 polegada de canela

4 vagens de cardamomo verde

1 colher de chá de sementes de cominho

8 pimenta preta

Método

- Misture o fígado com o açafrão, o sal e a água. Cozinhe em uma panela em fogo médio por 40 minutos. Deixou de lado.
- Misture todos os ingredientes da mistura de especiarias e moa com água suficiente para formar uma pasta lisa. Deixou de lado.
- Aqueça o óleo em uma panela. Adicione as cebolas e frite-as em fogo médio até que fiquem translúcidas.
- Adicione o gengibre, alho e pimenta verde. Frite por 2 minutos.
- Adicione a pasta de mistura de especiarias. Continue a fritar por 1-2 minutos.
- Adicione a mistura de fígado, batatas, vinagre e o leite de coco. Mexa bem por 2 minutos. Cubra com uma tampa e cozinhe por 15 minutos, mexendo de vez em quando. Servir quente.

Masala de Cordeiro com Iogurte

serve 4

Ingredientes

200g/7 onças de iogurte

sal a gosto

675g/1½lb de cordeiro, cortado em pedaços de 2,5cm/1in

4 colheres de sopa de óleo vegetal refinado

3 cebolas grandes, bem picadas

3 cenouras em cubos

3 tomates, finamente picados

120ml/4fl oz água

Para a mistura de especiarias:

25 g / escassas folhas de coentro de 1 oz, picadas finamente

¼ colher de chá de açafrão

2,5 cm/1 polegada raiz de gengibre

2 pimentões verdes

8 dentes de alho

4 vagens de cardamomo

4 cravos

5 cm/2 pol. de canela

3 folhas de curry

¾ colher de chá de açafrão

2 colheres de chá de coentro moído

1 c. de chá de malagueta em pó

½ colher de chá de pasta de tamarindo

Método

- Misture todos os ingredientes da mistura de especiarias. Moer com água suficiente para formar uma pasta lisa.
- Misture bem a pasta com o iogurte e o sal. Marinar o borrego com esta mistura durante 1 hora.
- Aqueça o óleo em uma panela. Adicione as cebolas e frite-as em fogo médio até que fiquem translúcidas.
- Adicione as cenouras e os tomates e frite por 3-4 minutos.
- Adicione o cordeiro marinado e a água. Misture bem. Cubra com uma tampa e cozinhe por 45 minutos, mexendo ocasionalmente. Servir quente.

Korma em Khada Masala

(Cordeiro Picante em Molho Grosso)

serve 4

Ingredientes

75g/2½oz de ghee

3 vagens de cardamomo preto

6 cravos

2 folhas de louro

½ colher de chá de sementes de cominho

2 cebolas grandes, fatiadas

3 malaguetas vermelhas secas

Raiz de gengibre de 2,5 cm/1 polegada, finamente picada

20 dentes de alho

5 pimentões verdes cortados no sentido do comprimento

675 g/1½ lb de carneiro, em cubos

½ colher de chá de pimenta em pó

2 colheres de chá de coentro moído

6-8 chalotas, descascadas

200g/7oz ervilhas enlatadas

750 ml/1¼fl oz de água

Pitada de açafrão, dissolvida em 2 colheres de sopa de água morna

sal a gosto

1 colher de suco de limão

200g/7 onças de iogurte

1 colher de sopa de folhas de coentro, finamente picadas

4 ovos cozidos, cortados ao meio

Método

- Aqueça o ghee em uma panela. Adicione o cardamomo, cravo, louro e sementes de cominho. Deixe-os salpicar por 30 segundos.
- Adicione as cebolas e frite-as em fogo médio até dourar.
- Adicione os pimentões vermelhos secos, o gengibre, o alho e os pimentões verdes. Frite por um minuto.
- Adicione o carneiro. Frite por 5-6 minutos.
- Adicione a malagueta em pó, os coentros moídos, as chalotas e as ervilhas. Continue a fritar por 3-4 minutos.
- Adicione a água, a mistura de açafrão, o sal e o suco de limão. Mexa bem por 2-3 minutos. Cubra com uma tampa e cozinhe por 20 minutos.
- Destampe a panela e acrescente o iogurte. Misture bem. Cubra novamente e continue a ferver por 20-25 minutos, mexendo ocasionalmente.
- Decore com as folhas de coentro e os ovos. Servir quente.

Caril de Cordeiro e Rim

serve 4

Ingredientes

5 colheres de sopa de óleo vegetal refinado mais extra para fritar

4 batatas grandes cortadas em tiras longas

3 cebolas grandes, bem picadas

3 tomates grandes bem picados

¼ colher de chá de açafrão

1 c. de chá de malagueta em pó

2 colheres de chá de coentro moído

1 colher de cominho moído

25 castanhas de caju trituradas grosseiramente

4 rins, em cubos

500g/1lb 2oz cordeiro, cortado em pedaços de 5cm/2in

Suco de 1 limão

1 colher de chá de pimenta preta moída

sal a gosto

500ml/16fl oz água

4 ovos cozidos, cortados em quartos

10g/¼oz de folhas de coentro, finamente picadas

Para a mistura de especiarias:

1½ colher de chá de pasta de gengibre

1½ colher de chá de pasta de alho

4-5 pimentões verdes

4 vagens de cardamomo

6 cravos

1 colher de cominho preto

1½ colher de sopa de vinagre de malte

Método

- Misture todos os ingredientes para a mistura de especiarias e moa com água suficiente para formar uma pasta lisa. Deixou de lado.
- Aqueça o óleo para fritar em uma frigideira. Adicione as batatas e frite em fogo médio por 3-4 minutos. Escorra e reserve.
- Aqueça 5 colheres de sopa de óleo em uma panela. Adicione as cebolas e frite-as em fogo médio até que fiquem translúcidas.
- Adicione a pasta de mistura de especiarias. Frite por 2-3 minutos, mexendo sempre.
- Adicione os tomates, açafrão, pimenta em pó, coentro moído e cominho moído. Continue a fritar por 2-3 minutos.

- Adicione a castanha de caju, os rins e o cordeiro. Frite por 6-7 minutos.
- Adicione o suco de limão, pimenta, sal e água. Misture bem. Cubra com uma tampa e cozinhe por 45 minutos, mexendo ocasionalmente.
- Decore com os ovos e as folhas de coentro. Servir quente.

Gosht Gulfaam

(Carneiro com Queijo de Cabra)

serve 4

Ingredientes

675g/1½lb de carneiro desossado

300g/10oz queijo de cabra, escorrido

200g/7oz khoya*

150 g / 5 ½ oz frutas secas mistas, picadas finamente

6 pimentões verdes bem picados

25 g / escassas folhas de coentro de 1 oz, picadas finamente

2 ovos cozidos

Para o molho:

¾ colher de sopa de óleo vegetal refinado

3 cebolas grandes, bem picadas

5cm / 2in raiz de gengibre, finamente picado

10 dentes de alho bem picados

3 tomates, finamente picados

1 c. de chá de malagueta em pó

120ml/4fl oz caldo de cordeiro

sal a gosto

Método

- Pat o carneiro até que se assemelhe a um bife.
- Misture o queijo de cabra, khoya, frutas secas, pimenta verde e folhas de coentro. Amasse esta mistura até obter uma massa macia.
- Espalhe a massa sobre o carneiro achatado e coloque os ovos no centro.
- Enrole bem o carneiro para que a massa e os ovos permaneçam dentro. Embrulhe em papel alumínio e leve ao forno a 180°C (350°F, Gas Mark 4) por 1 hora. Deixou de lado.
- Para preparar o molho, aqueça o azeite em uma panela. Adicione as cebolas e frite em fogo médio até que fiquem translúcidas.
- Adicione o gengibre e o alho. Frite por um minuto.
- Adicione os tomates e a pimenta malagueta. Continue a fritar por 2 minutos, mexendo sempre.
- Adicione o caldo e o sal. Misture bem. Refogue por 10 minutos, mexendo de vez em quando. Deixou de lado.
- Fatie o rolo de carne assada e arrume as fatias em uma travessa. Despeje o molho sobre eles e sirva quente.

Cordeiro Do Pyaaza

(Cordeiro com Cebola)

serve 4

Ingredientes

120ml/4fl oz óleo vegetal refinado

1 colher de chá de açafrão

3 folhas de louro

4 cravos

5 cm/2 pol. de canela

6 malaguetas vermelhas secas

4 vagens de cardamomo verde

6 cebolas grandes, 2 picadas, 4 fatiadas

3 colheres de sopa de pasta de gengibre

3 colheres de pasta de alho

2 tomates, bem picados

8 chalotas, cortadas ao meio

2 colheres de chá de garam masala

2 colheres de chá de coentro moído

4 colheres de chá de cominho moído

1½ colher de sopa de macis ralado

½ noz moscada ralada

2 colheres de chá de pimenta preta moída

sal a gosto

675g/1½lb de cordeiro, em cubos

250ml/8fl oz água

10g/¼oz de folhas de coentro, finamente picadas

Raiz de gengibre de 2,5 cm/1 polegada, cortada em juliana

Método

- Aqueça o óleo em uma panela. Adicione o açafrão, louro, cravo, canela, pimenta vermelha e cardamomo. Deixe-os salpicar por 30 segundos.
- Adicione as cebolas picadas. Frite-os em fogo médio até que fiquem translúcidos.
- Adicione a pasta de gengibre e a pasta de alho. Frite por um minuto.
- Adicione os tomates, chalotas, garam masala, coentro moído, cominho moído, macis, noz-moscada, pimenta e sal. Continue a fritar por 2-3 minutos.
- Adicione o cordeiro e as cebolas fatiadas. Misture bem e frite por 6-7 minutos.
- Adicione a água e mexa por um minuto. Cubra com uma tampa e cozinhe por 30 minutos, mexendo de vez em quando.
- Decore com as folhas de coentro e o gengibre. Servir quente.

Espetada de Peixe

serve 4

Ingredientes

1kg/2¼lb de espadarte, sem pele e em filetes

4 colheres de sopa de óleo vegetal refinado mais extra para fritar

75g/2½oz chana dhal*, embebido em 250ml/9oz de água por 30 minutos

3 cravos

½ colher de chá de sementes de cominho

2,5 cm/1 polegada raiz de gengibre, ralado

10 dentes de alho

2,5 cm/1 polegada de canela

2 vagens de cardamomo preto

8 pimenta preta

4 malaguetas vermelhas secas

¾ colher de chá de açafrão

1 c. de sopa de iogurte grego

1 colher de chá de sementes de cominho preto

Para o recheio:

2 figos secos bem picados

4 damascos secos bem picados

Suco de 1 limão

10g/¼oz de folhas de hortelã, picadas finamente

10g/¼oz de folhas de coentro, finamente picadas

sal a gosto

Método

- Cozinhe o peixe em uma panela a vapor em fogo médio por 10 minutos. Deixou de lado.

- Aqueça 2 colheres de sopa de óleo em uma frigideira. Escorra o dhal e frite-o em fogo médio até dourar.

- Misture o dhal com cravo, sementes de cominho, gengibre, alho, canela, cardamomo, pimenta, pimenta vermelha, açafrão, iogurte e sementes de cominho preto. Moer esta mistura com água suficiente para formar uma pasta lisa. Deixou de lado.

- Aqueça 2 colheres de sopa de óleo em uma panela. Adicione esta pasta e frite em fogo médio por 4-5 minutos.

- Adicione o peixe cozido no vapor. Misture bem e mexa por 2 minutos.

- Divida a mistura em 8 porções e modele os hambúrgueres. Deixou de lado.

- Misture todos os ingredientes do recheio. Divida em 8 porções.

- Achate os hambúrgueres e coloque cuidadosamente uma porção do recheio em cada hambúrguer. Feche como um saquinho e role novamente para formar uma bola. Pat as bolas planas.

- Aqueça o óleo para fritar em uma frigideira. Adicione os hambúrgueres e frite-os em fogo médio até que fiquem dourados. Vire e repita.

- Escorra em papel absorvente e sirva quente.

costeletas de peixe

serve 4

Ingredientes

500g/1lb 2oz cauda de tamboril, sem pele e em filetes

500ml/16fl oz água

sal a gosto

1 colher de sopa de óleo vegetal refinado mais extra para fritar

1 colher de sopa de pasta de gengibre

1 c. de sopa de pasta de alho

1 cebola grande, finamente ralada

4 pimentões verdes, ralados

½ colher de chá de açafrão

1 colher de chá de garam masala

1 colher de cominho moído

1 c. de chá de malagueta em pó

1 tomate pelado e fatiado

25 g / escassas folhas de coentro de 1 oz, picadas finamente

2 colheres de sopa de folhas de hortelã, bem picadas

400g/14oz ervilhas cozidas

2 fatias de pão, embebidas em água e escorridas

50g/1¾oz farinha de rosca

Método

- Coloque o peixe com a água em uma panela. Adicione o sal e deixe ferver em fogo médio por 20 minutos. Escorra e reserve.

- Para o recheio, aqueça 1 colher de sopa de azeite em uma panela. Adicione a pasta de gengibre, pasta de alho e cebola. Refogue em fogo médio por 2-3 minutos.

- Adicione a pimenta verde, açafrão, garam masala, cominho moído e pimenta em pó. Frite por um minuto.

- Adicione o tomate. Frite por 3-4 minutos.

- Adicione as folhas de coentro, as folhas de hortelã, as ervilhas e as fatias de pão. Misture bem. Cozinhe em fogo baixo por 7-8 minutos, mexendo ocasionalmente. Retire do fogo e amasse bem a mistura. Divida em 8 porções iguais e reserve.

- Amasse o peixe cozido e divida em 8 porções.

- Molde cada porção de peixe como um copo e recheie com uma porção da mistura de recheio. Feche como uma bolsa, enrole em uma bola e modele como uma costeleta. Repita para as porções restantes de peixe e a mistura de recheio.

- Aqueça o óleo para fritar em uma panela. Passe as costeletas na farinha de rosca e frite-as em fogo médio até dourar. Servir quente.

Peixe Sookha

(Peixe Seco em Especiarias)

serve 4

Ingredientes

1 cm/½ na raiz de gengibre

10 dentes de alho

1 colher de sopa de folhas de coentro, finamente picadas

3 pimentões verdes

1 colher de chá de açafrão

3 c. de chá de malagueta em pó

sal a gosto

1kg/2¼lb de espadarte, sem pele e em filetes

50g/1¾oz coco ralado

6-7 kokum*, embebido por 1 hora em 120ml/4fl oz de água

4 colheres de sopa de óleo vegetal refinado

60ml/2fl oz água

Método

- Misture o gengibre, alho, folhas de coentro, pimenta verde, açafrão, pimenta em pó e sal. Moer esta mistura para uma pasta lisa.

- Marinar o peixe com a pasta por 1 hora.

- Aqueça uma panela. Adicione o coco. Asse a seco em fogo médio por um minuto.

- Descarte as bagas de kokum e adicione a água de kokum. Misture bem. Retire do lume e junte esta mistura ao peixe marinado.

- Aqueça o óleo em uma panela. Adicione a mistura de peixe e cozinhe em fogo médio por 4-5 minutos.

- Adicione a água. Misture bem. Cubra com uma tampa e cozinhe por 20 minutos, mexendo de vez em quando.

- Servir quente.

Mahya Kalia

(Peixe com Coco, Gergelim e Amendoim)

serve 4

Ingredientes

100g/3½oz de coco fresco, ralado

1 colher de chá de sementes de gergelim

1 colher de amendoim

1 colher de sopa de pasta de tamarindo

1 colher de chá de açafrão

1 colher de chá de coentro moído

sal a gosto

250ml/8fl oz água

500 g / 1 lb 2 onças filés de espadarte

1 colher de sopa de folhas de coentro, picadas

Método

- Toste a seco o coco, as sementes de gergelim e o amendoim juntos. Misture com a pasta de tamarindo, açafrão, coentro moído e sal. Moer com água suficiente para formar uma pasta lisa.

- Cozinhe esta mistura com o restante da água em uma panela em fogo médio por 10 minutos, mexendo sempre. Adicione os filés de peixe e cozinhe por 10-12 minutos. Decore com as folhas de coentro e sirva quente.

Caril de Camarão Rosachi

(Camarão Cozido com Coco)

serve 4

Ingredientes

200g/7 onças de coco fresco, ralado

5 pimentas vermelhas

1½ colher de chá de sementes de coentro

1½ colher de chá de sementes de papoula

1 colher de chá de sementes de cominho

½ colher de chá de açafrão

6 dentes de alho

120ml/4fl oz óleo vegetal refinado

2 cebolas grandes, bem picadas

2 tomates, bem picados

250g/9 onças de camarões, descascados e eviscerados

sal a gosto

Método

- Moer o coco, pimenta vermelha, coentro, sementes de papoula, sementes de cominho, açafrão e alho com água suficiente para formar uma pasta lisa. Deixou de lado.

- Aqueça o óleo em uma panela. Refogue a cebola em fogo baixo até dourar.

- Adicione a pasta de pimentão vermelho-coco moída, os tomates, os camarões e o sal. Misture bem. Cozinhe por 15 minutos, mexendo de vez em quando. Servir quente.

Peixe Recheado com Tâmaras e Amêndoas

serve 4

Ingredientes

4 trutas, 250g/9oz cada, cortadas verticalmente

½ colher de chá de pimenta em pó

1 colher de chá de pasta de gengibre

250g/9oz tâmaras frescas sem sementes, escaldadas e finamente picadas

75g/2½ oz de amêndoas, descascadas e finamente picadas

2-3 colheres de sopa de arroz cozido no vapor (ver aqui)

1 colher de açúcar

¼ colher de chá de canela em pó

½ colher de chá de pimenta preta moída

sal a gosto

1 cebola grande, finamente fatiada

Método

- Marinar o peixe com a malagueta e a pasta de gengibre durante 1 hora.

- Misture as tâmaras, as amêndoas, o arroz, o açúcar, a canela, a pimenta e o sal. Sove até formar uma massa macia. Deixou de lado.

- Recheie a massa de tâmaras nas fendas do peixe marinado. Coloque o peixe recheado em uma folha de papel alumínio e polvilhe a cebola por cima.

- Enrole o peixe e a cebola dentro do papel alumínio e feche bem as bordas.

- Asse em forno a 200°C (400°F, Gas Mark 6) por 15-20 minutos. Desembrulhe o papel alumínio e asse o peixe por mais 5 minutos. Servir quente.

Peixe Tandoori

serve 4

Ingredientes

1 colher de chá de pasta de gengibre

1 colher de sopa de pasta de alho

½ colher de chá de garam masala

1 c. de chá de malagueta em pó

1 c. de sopa de sumo de limão

sal a gosto

500g/1lb 2oz filetes de cauda de tamboril

1 colher de chaat masala*

Método

- Misture a pasta de gengibre, pasta de alho, garam masala, pimenta em pó, suco de limão e sal.

- Faça incisões no peixe. Marinar com a mistura de alho e gengibre por 2 horas.

- Grelhe o peixe por 15 minutos. Polvilhe com o chaat masala. Servir quente.

Peixe com Legumes

serve 4

Ingredientes

750 g/1 lb 10 oz filés de salmão, sem pele

½ colher de chá de açafrão

sal a gosto

2 c. de sopa de óleo de mostarda

¼ colher de chá de sementes de mostarda

¼ colher de chá de sementes de funcho

¼ colher de chá de sementes de cebola

¼ colher de chá de sementes de feno-grego

¼ colher de chá de sementes de cominho

2 folhas de louro

2 malaguetas vermelhas secas, cortadas ao meio

1 cebola grande, finamente fatiada

2 malaguetas verdes grandes, cortadas ao comprido

½ colher de açúcar

125g/4½oz de ervilha enlatada

1 batata grande, cortada em tiras

2-3 beringelas pequenas cortadas em juliana

250ml/8fl oz água

Método

- Marinar o peixe com açafrão e sal por 30 minutos.

- Aqueça o óleo em uma panela. Adicione o peixe marinado e frite em lume médio durante 4-5 minutos, virando de vez em quando. Escorra e reserve.

- Ao mesmo óleo, adicione as sementes de mostarda, erva-doce, cebola, feno-grego e cominho. Deixe-os salpicar por 15 segundos.

- Adicione as folhas de louro e os pimentões vermelhos. Frite por 30 segundos.

- Adicione a cebola e os pimentões verdes. Frite em fogo médio até a cebola ficar marrom.

- Adicione o açúcar, as ervilhas, a batata e as beringelas. Misture bem. Frite a mistura por 7-8 minutos.

- Adicione o peixe frito e a água. Misture bem. Cubra com uma tampa e cozinhe por 12-15 minutos, mexendo ocasionalmente.

- Servir quente.

Tandoor Gulnar

(Truta Cozida no Tandoor)

serve 4

Ingredientes

4 trutas, 250g/9oz cada

Manteiga para regar

Para a primeira marinada:

120ml/4fl oz vinagre de malte

2 c. de sopa de sumo de limão

2 colheres de pasta de alho

½ colher de chá de pimenta em pó

sal a gosto

Para a segunda marinada:

400g/14oz iogurte

1 ovo

1 colher de sopa de pasta de alho

2 colheres de chá de pasta de gengibre

120ml/4fl oz creme de leite fresco

180g/6½ oz besan*

Camarões em Masala Verde

serve 4

Ingredientes

1 cm/½ na raiz de gengibre

8 dentes de alho

3 pimentões verdes, cortados no sentido do comprimento

50g/1¾oz folhas de coentro, picadas

1½ colher de sopa de óleo vegetal refinado

2 cebolas grandes, bem picadas

2 tomates, bem picados

500g/1lb 2oz camarões grandes, descascados e eviscerados

1 colher de chá de pasta de tamarindo

sal a gosto

½ colher de chá de açafrão

Método

- Moa juntos o gengibre, o alho, a malagueta e as folhas de coentros. Deixou de lado.
- Aqueça o óleo em uma panela. Refogue a cebola em fogo baixo até dourar.
- Adicione a pasta de alho-gengibre e os tomates. Frite por 4-5 minutos.
- Adicione os camarões, a pasta de tamarindo, sal e açafrão. Misture bem. Cozinhe por 15 minutos, mexendo de vez em quando. Servir quente.

Costelinha de Peixe

serve 4

Ingredientes

2 ovos

1 colher de sopa de farinha branca

sal a gosto

400g/14oz John Dory, sem pele e em filetes

500ml/16fl oz água

2 batatas grandes cozidas e amassadas

1½ colher de chá de garam masala

1 cebola grande, ralada

1 colher de chá de pasta de gengibre

Óleo vegetal refinado para fritar

200g/7 onças de farinha de rosca

Método

- Bata os ovos com a farinha e o sal. Deixou de lado.
- Cozinhe o peixe em água e sal em uma panela em fogo médio por 15-20 minutos. Escorra e amasse com as batatas, o garam masala, a cebola, a pasta de gengibre e o sal até obter uma massa macia.
- Divida em 16 porções, enrole em bolas e achate levemente para formar costeletas.
- Aqueça o óleo em uma panela. Passe as costeletas no ovo batido, passe na farinha de rosca e frite em fogo baixo até dourar. Servir quente.

Parsi Fish Sas

(Peixe Cozido em Molho Branco)

serve 4

Ingredientes

1 c. de sopa de farinha de arroz

1 colher de açúcar

60ml/2fl oz vinagre de malte

2 colheres de sopa de óleo vegetal refinado

2 cebolas grandes, em fatias finas

½ colher de chá de pasta de gengibre

½ colher de chá de pasta de alho

1 colher de cominho moído

sal a gosto

250ml/8fl oz água

8 filés de linguado limão

2 ovos, batidos

Método

- Moa a farinha de arroz com o açúcar e o vinagre até formar uma pasta. Deixou de lado.
- Aqueça o óleo em uma panela. Refogue a cebola em fogo baixo até dourar.
- Adicione a pasta de gengibre, pasta de alho, cominho moído, sal, água e peixe. Cozinhe em fogo baixo por 25 minutos, mexendo de vez em quando.
- Adicione a mistura de farinha e cozinhe por um minuto.
- Adicione delicadamente os ovos. Mexa por um minuto. Decore e sirva quente.

Peshawari Machhi

serve 4

Ingredientes

3 colheres de sopa de óleo vegetal refinado

1kg/2¼lb de salmão, cortado em bifes

2,5 cm/1 polegada raiz de gengibre, ralado

8 dentes de alho, esmagados

2 cebolas grandes, moídas

3 tomates pelados e picados

1 colher de chá de garam masala

400g/14oz iogurte

¾ colher de chá de açafrão

1 colher de chá amchoor*

sal a gosto

Método

- Aqueça o óleo. Frite o peixe em fogo baixo até dourar. Escorra e reserve.
- Para o mesmo óleo, adicione o gengibre, alho e cebola. Frite em fogo baixo por 6 minutos. Adicione o peixe frito e todos os restantes ingredientes. Misture bem.
- Cozinhe por 20 minutos e sirva quente.

caril de caranguejo

serve 4

Ingredientes

4 caranguejos de tamanho médio limpos (ver <u>técnicas de culinária</u>)

sal a gosto

1 colher de chá de açafrão

½ coco ralado

6 dentes de alho

4-5 pimentões vermelhos

1 c. de sopa de sementes de coentros

1 c. de sopa de sementes de cominhos

1 colher de chá de pasta de tamarindo

3-4 pimentões verdes, cortados longitudinalmente

1 colher de sopa de óleo vegetal refinado

1 cebola grande, finamente picada

Método

- Marinar os caranguejos com sal e açafrão por 30 minutos.
- Triture todos os restantes ingredientes, exceto o azeite e a cebola, com água suficiente para formar uma pasta lisa.
- Aqueça o óleo em uma panela. Frite a pasta moída e a cebola em fogo baixo até a cebola dourar. Adicione um pouco de água. Cozinhe por 7-8 minutos, mexendo ocasionalmente. Adicione os caranguejos marinados. Misture bem e cozinhe por 5 minutos. Servir quente.

peixe mostarda

serve 4

Ingredientes

8 colheres de óleo de mostarda

4 trutas, 250g/9oz cada

2 colheres de chá de cominho moído

2 colheres de sopa de mostarda moída

1 colher de chá de coentro moído

½ colher de chá de açafrão

120ml/4fl oz água

sal a gosto

Método

- Aqueça o óleo em uma panela. Adicione o peixe e frite em fogo médio por 1-2 minutos. Vire o peixe e repita. Escorra e reserve.
- Ao mesmo óleo, adicione os cominhos moídos, a mostarda e os coentros. Deixe-os salpicar por 15 segundos.
- Adicione a cúrcuma, a água, o sal e o peixe frito. Misture bem e cozinhe por 10-12 minutos. Servir quente.

Meen Vattichathu

(Peixe Vermelho Cozido com Especiarias)

serve 4

Ingredientes

600g/1lb 5oz espadarte, sem pele e filetes

½ colher de chá de açafrão

sal a gosto

3 colheres de sopa de óleo vegetal refinado

½ colher de chá de sementes de mostarda

½ colher de chá de sementes de feno-grego

8 folhas de caril

2 cebolas grandes, em fatias finas

8 dentes de alho bem picados

5cm / 2in de gengibre, finamente fatiado

6 kokum*

Método

- Marinar o peixe com açafrão e sal por 2 horas.
- Aqueça o óleo em uma panela. Adicione as sementes de mostarda e feno-grego. Deixe-os salpicar por 15 segundos. Adicione todos os ingredientes restantes e o peixe marinado. Refogue em fogo baixo por 15 minutos. Servir quente.

Doi Maach

(Peixe Cozido no Iogurte)

serve 4

Ingredientes

4 trutas, sem pele e em filetes

2 colheres de sopa de óleo vegetal refinado

2 folhas de louro

1 cebola grande, finamente picada

2 colheres de açúcar

sal a gosto

200g/7 onças de iogurte

Para a marinada:

3 cravos

5cm / 2in pedaço de canela

3 vagens de cardamomo verde

5cm / 2in raiz de gengibre

1 cebola grande, finamente fatiada

1 colher de chá de açafrão

sal a gosto

Método

- Moer todos os ingredientes da marinada juntos. Marinar o peixe com esta mistura durante 30 minutos.
- Aqueça o óleo em uma panela. Adicione as folhas de louro e a cebola. Frite em fogo baixo por 3 minutos. Adicione o açúcar, o sal e o peixe marinado. Misture bem.
- Refogue por 10 minutos. Adicione o iogurte e cozinhe por 8 minutos. Servir quente.

Peixe frito

serve 4

Ingredientes

6 colheres de sopa de feijão*

2 colheres de chá de garam masala

1 colher de chá amchoor*

1 colher de chá de sementes de ajowan

1 colher de chá de pasta de gengibre

1 colher de sopa de pasta de alho

sal a gosto

675g/1½lb de cauda de tamboril, sem pele e em filetes

Óleo vegetal refinado para fritar

Método

- Misture todos os ingredientes, exceto o peixe e o óleo, com água suficiente para formar uma massa grossa. Marinar o peixe com esta massa por 4 horas.
- Aqueça o óleo em uma frigideira. Adicione o peixe e frite em fogo médio por 4-5 minutos. Vire e frite novamente por 2-3 minutos. Servir quente.

Machher Chop

serve 4

Ingredientes

500 g/1 lb 2 onças de salmão, sem pele e em filetes

sal a gosto

500ml/16fl oz água

250g/9 onças de batatas, cozidas e amassadas

200ml/7fl oz óleo de mostarda

2 cebolas grandes, bem picadas

½ colher de chá de pasta de gengibre

½ colher de chá de pasta de alho

1½ colher de chá de garam masala

1 ovo, batido

200g/7 onças de farinha de rosca

Óleo vegetal refinado para fritar

Método

- Coloque o peixe com o sal e a água em uma panela. Cozinhe em fogo médio por 15 minutos. Escorra e amasse com as batatas. Deixou de lado.
- Aqueça o óleo em uma frigideira. Adicione as cebolas e frite em fogo médio até dourar. Adicione a mistura de

peixe e todos os ingredientes restantes, exceto o ovo e a farinha de rosca. Misture bem e cozinhe em fogo baixo por 10 minutos.

- Deixe esfriar e divida em bolas do tamanho de um limão. Achate e modele as costeletas.
- Aqueça o óleo para fritar em uma panela. Passe as costeletas no ovo, passe na farinha de rosca e frite em fogo médio até dourar. Servir quente.

Espada Goa

(Peixe Espada Cozido à Goa)

serve 4

Ingredientes

50g/1¾oz de coco fresco, ralado

1 colher de chá de sementes de coentro

1 colher de chá de sementes de cominho

1 colher de chá de sementes de papoula

4 dentes de alho

1 colher de sopa de pasta de tamarindo

250ml/8fl oz água

Óleo vegetal refinado para fritar

1 cebola grande, finamente picada

1 colher de sopa de kokum*

sal a gosto

½ colher de chá de açafrão

4 bifes de espadarte

Método

- Triture o coco, as sementes de coentro, as sementes de cominho, as sementes de papoula, o alho e a pasta de tamarindo com água suficiente para formar uma pasta lisa. Deixou de lado.
- Aqueça o óleo em uma panela. Adicione a cebola e frite em fogo médio até dourar.
- Adicione a pasta moída e frite por 2 minutos. Adicione os ingredientes restantes. Misture bem e cozinhe por 15 minutos. Servir quente.

Masala de Peixe Seco

serve 4

Ingredientes

6 filés de salmão

¼ coco fresco, ralado

7 pimentas vermelhas

1 colher de sopa de açafrão

sal a gosto

Método

- Grelhe os filés de peixe por 20 minutos. Deixou de lado.
- Moer os ingredientes restantes para formar uma pasta lisa.
- Misture com o peixe. Cozinhe a mistura em uma panela em fogo baixo por 15 minutos. Servir quente.

Caril de Camarão Madras

serve 4

Ingredientes

3 colheres de sopa de óleo vegetal refinado

3 cebolas grandes, bem picadas

12 dentes de alho picados

3 tomates pelados e picados

½ colher de chá de açafrão

sal a gosto

1 c. de chá de malagueta em pó

2 colheres de sopa de pasta de tamarindo

750 g/1 lb 10 oz camarões médios, descascados e sem veias

4 c. de sopa de leite de coco

Método

- Aqueça o óleo em uma panela. Adicione a cebola e o alho e refogue em fogo médio por um minuto. Adicione os tomates, açafrão, sal, pimenta em pó, pasta de tamarindo e camarões. Misture bem e frite por 7-8 minutos.
- Adicione o leite de coco. Cozinhe por 10 minutos e sirva quente.

peixe em feno-grego

serve 4

Ingredientes

8 colheres de sopa de óleo vegetal refinado

500g/1lb 2oz salmão, em filetes

1 c. de sopa de pasta de alho

75g/2½oz de folhas frescas de feno-grego, finamente picadas

4 tomates, finamente picados

2 colheres de chá de coentro moído

1 colher de cominho moído

1 colher de suco de limão

sal a gosto

1 colher de chá de açafrão

75g/2½ oz de água quente

Método

- Aqueça 4 colheres de sopa de óleo em uma frigideira. Adicione o peixe e frite em fogo médio até dourar dos dois lados. Escorra e reserve.
- Aqueça 4 colheres de sopa de óleo em uma panela. Adicione a pasta de alho. Frite em fogo baixo por um minuto. Adicione os ingredientes restantes, exceto a água. Refogue por 4-5 minutos.
- Adicione a água e o peixe frito. Misture bem. Cubra com uma tampa e cozinhe por 10-15 minutos, mexendo ocasionalmente. Servir quente.

Karimeen Porichathu

(Filé de Peixe em Masala)

serve 4

Ingredientes

1 c. de chá de malagueta em pó

1 c. de sopa de coentros moídos

1 colher de chá de açafrão

1 colher de chá de pasta de gengibre

2 malaguetas verdes, finamente picadas

Suco de 1 limão

8 folhas de caril

sal a gosto

8 filés de salmão

Óleo vegetal refinado para fritar

Método

- Misture todos os ingredientes, exceto o peixe e o óleo.
- Marine o peixe com esta mistura e leve à geladeira por 2 horas.
- Aqueça o óleo em uma frigideira. Adicione os pedaços de peixe e frite-os em fogo médio até dourar.
- Servir quente.

camarões jumbo

serve 4

Ingredientes

500g/1lb 2oz camarões grandes, descascados e eviscerados

1 colher de chá de açafrão

½ colher de chá de pimenta em pó

sal a gosto

3 colheres de sopa de óleo vegetal refinado

1 cebola grande, finamente picada

1 cm/½ de raiz de gengibre, finamente picado

10 dentes de alho bem picados

2-3 pimentões verdes, cortados longitudinalmente

½ colher de açúcar

250ml/8fl oz de leite de coco

1 colher de sopa de folhas de coentro, finamente picadas

Método

- Marinar os camarões com açafrão, pimenta em pó e sal por 1 hora.
- Aqueça o óleo em uma panela. Adicione a cebola, o gengibre, o alho e os pimentões verdes e frite em fogo médio por 2-3 minutos.
- Adicione o açúcar, o sal e os camarões marinados. Misture bem e refogue por 10 minutos. Adicione o leite de coco. Cozinhe por 15 minutos.
- Decore com as folhas de coentro e sirva quente.

Peixe em conserva

serve 4

Ingredientes

Óleo vegetal refinado para fritar

1kg/2¼lb de espadarte, sem pele e em filetes

1 colher de chá de açafrão

12 malaguetas vermelhas secas

1 c. de sopa de sementes de cominhos

5cm / 2in raiz de gengibre

15 dentes de alho

250ml/8fl oz vinagre de malte

sal a gosto

Método

- Aqueça o óleo em uma frigideira. Adicione o peixe e frite em fogo médio por 2-3 minutos. Vire e frite por 1-2 minutos. Deixou de lado.
- Moer os ingredientes restantes juntos para formar uma pasta lisa.
- Cozinhe a pasta em uma panela em fogo baixo por 10 minutos. Adicione o peixe, cozinhe por 3-4 minutos,

depois esfrie e guarde em uma jarra, refrigerada, por até 1 semana.

Bola De Peixe Caril

serve 4

Ingredientes

500 g/1 lb 2 onças de salmão, sem pele e em filetes

sal a gosto

750ml/1¼ litro de água

1 cebola grande

3 colheres de sopa de garam masala

½ colher de chá de açafrão

3 colheres de sopa de óleo vegetal refinado mais extra para fritar

5cm / 2in raiz de gengibre, ralado

5 dentes de alho, esmagados

250g/9 onças de tomates, descascados e cortados em cubos

2 colheres de sopa de iogurte, batido

Método

- Cozinhe o peixe com um pouco de sal e 500ml de água em fogo médio por 20 minutos. Escorra e moa com a cebola, o sal, 1 colher de chá de garam masala e o açafrão até obter uma mistura homogênea. Divida em 12 bolas.
- Aqueça o óleo para fritar. Adicione as bolinhas e frite em fogo médio até dourar. Escorra e reserve.
- Aqueça 3 colheres de sopa de óleo em uma panela. Adicione todos os ingredientes restantes, a água restante e as bolinhas de peixe. Cozinhe por 10 minutos e sirva quente.

Peixe Amritsari

(Peixe Picante Quente)

serve 4

Ingredientes

200g/7 onças de iogurte

½ colher de chá de pasta de gengibre

½ colher de chá de pasta de alho

Suco de 1 limão

½ colher de chá de garam masala

sal a gosto

675g/1½lb de cauda de tamboril, sem pele e em filetes

Método

- Misture todos os ingredientes, menos o peixe. Marinar o peixe com esta mistura durante 1 hora.
- Grelhe o peixe marinado por 7-8 minutos. Servir quente.

Camarões Fritos Masala

serve 4

Ingredientes

4 dentes de alho

5 cm/2 polegadas de gengibre

2 colheres de sopa de coco fresco, ralado

2 malaguetas vermelhas secas

1 c. de sopa de sementes de coentros

1 colher de chá de açafrão

sal a gosto

120ml/4fl oz água

750 g/1 lb 10 oz camarões, descascados e eviscerados

3 colheres de sopa de óleo vegetal refinado

3 cebolas grandes, bem picadas

2 tomates, bem picados

2 colheres de sopa de folhas de coentro, picadas

1 colher de chá de garam masala

Método

- Moer o alho, gengibre, coco, pimenta vermelha, sementes de coentro, açafrão e sal com água suficiente para formar uma pasta lisa.
- Marinar os camarões com esta pasta durante uma hora.
- Aqueça o óleo em uma panela. Adicione as cebolas e frite-as em fogo médio até ficarem translúcidas.
- Adicione os tomates e os camarões marinados. Misture bem. Adicione a água, cubra com uma tampa e cozinhe por 20 minutos.
- Decore com as folhas de coentro e o garam masala. Servir quente.

Peixe Salgado com Cobertura

serve 4

Ingredientes

2 c. de sopa de sumo de limão

sal a gosto

Pimenta preta moída a gosto

4 bifes de espadarte

2 colheres de sopa de manteiga

1 cebola grande, finamente picada

1 pimentão verde, sem caroço e picado

3 tomates sem pele e picados

50g/1¾oz farinha de rosca

85g/3 onças de queijo Cheddar, ralado

Método

- Polvilhe o suco de limão, sal e pimenta em cima do peixe. Deixou de lado.
- Aqueça a manteiga em uma panela. Adicione a cebola e o pimentão verde. Frite em fogo médio por 2-3 minutos. Adicione o tomate, a farinha de rosca e o queijo. Frite por 4-5 minutos.
- Espalhe esta mistura uniformemente sobre o peixe. Embrulhe em papel alumínio e leve ao forno a 200°C (400°F, Gas Mark 6) por 30 minutos. Servir quente.

Camarão Pasanda

(Camarão Cozido com Iogurte e Vinagre)

serve 4

Ingredientes

250g/9 onças de camarões, descascados e eviscerados

sal a gosto

1 colher de chá de pimenta preta moída

2 c. de chá de vinagre de malte

2 colheres de sopa de óleo vegetal refinado

1 c. de sopa de pasta de alho

2 cebolas grandes, bem picadas

2 tomates, bem picados

2 cebolinhas, finamente picadas

1 colher de chá de garam masala

250ml/8fl oz água

4 colheres de sopa de iogurte grego

Método

- Marinar os camarões com sal, pimenta e vinagre durante 30 minutos.
- Grelhe os camarões por 5 minutos. Deixou de lado.
- Aqueça o óleo em uma panela. Adicione a pasta de alho e as cebolas. Frite em fogo médio por um minuto. Adicione os tomates, as cebolinhas e o garam masala. Refogue por 4 minutos. Adicione os camarões grelhados e a água. Cozinhe em fogo baixo por 15 minutos. Adicione o iogurte. Mexa por 5 minutos. Servir quente.

Espadarte Rechaido

(Peixe-espada Cozido em Molho Goês)

serve 4

Ingredientes

4 pimentões vermelhos

6 dentes de alho

2,5 cm/1 polegada raiz de gengibre

½ colher de chá de açafrão

1 cebola grande

1 colher de chá de pasta de tamarindo

1 colher de chá de sementes de cominho

1 colher de açúcar

sal a gosto

120ml/4fl oz vinagre de malte

1kg/2¼lb de espadarte, limpo

Óleo vegetal refinado para fritar

Método

- Moer todos os ingredientes, exceto o peixe e o óleo.
- Faça cortes no peixe-espada e deixe marinar com a mistura moída, colocando grandes quantidades da mistura nas fendas. Reserve por 1 hora.
- Aqueça o óleo em uma frigideira. Adicione o peixe marinado e frite em fogo baixo por 2-3 minutos. Vire e repita. Servir quente.

Teekha Jhinga

(Camarão Quente)

serve 4

Ingredientes

4 colheres de sopa de óleo vegetal refinado

1 colher de chá de sementes de funcho

2 cebolas grandes, bem picadas

2 colheres de chá de pasta de gengibre

2 colheres de pasta de alho

sal a gosto

½ colher de chá de açafrão

3 colheres de sopa de garam masala

25g / escasso 1 onça coco ralado

60ml/2fl oz água

1 c. de sopa de sumo de limão

500g/1lb 2oz camarões, descascados e eviscerados

Método

- Aqueça o óleo em uma panela. Adicione as sementes de funcho. Deixe-os salpicar por 15 segundos. Adicione a cebola, a pasta de gengibre e a pasta de alho. Frite em fogo médio por um minuto.
- Adicione os restantes ingredientes, exceto os camarões. Refogue por 7 minutos.
- Adicione os camarões e cozinhe por 15 minutos, mexendo sempre. Servir quente.

Balchow De Camarão

(Camarão cozido à moda goesa)

serve 4

Ingredientes

750 g/1 lb 10 oz camarões, descascados e eviscerados

250ml/8fl oz vinagre de malte

8 dentes de alho

2 cebolas grandes, bem picadas

1 c. de sopa de cominho moído

¼ colher de chá de açafrão

sal a gosto

120ml/4fl oz óleo vegetal refinado

50g/1¾oz folhas de coentro, picadas

Método

- Marinar os camarões com 4 colheres de sopa de vinagre por 2 horas.
- Moer o vinagre restante com alho, cebola, cominho moído, açafrão e sal para formar uma pasta lisa. Deixou de lado.
- Aqueça o óleo em uma panela. Frite os camarões em fogo baixo por 12 minutos.

- Adicione a pasta. Misture bem e refogue em fogo baixo por 15 minutos.
- Decore com as folhas de coentro. Servir quente.

camarão bhujna

(Camarão Seco no Coco e Cebola)

serve 4

Ingredientes

50g/1¾oz de coco fresco, ralado

2 cebolas grandes

6 pimentões vermelhos

5cm / 2in raiz de gengibre, ralado

1 colher de sopa de pasta de alho

4 colheres de sopa de óleo vegetal refinado

5 kokum secos*

¼ colher de chá de açafrão

750 g/1 lb 10 oz camarões, descascados e eviscerados

250ml/8fl oz água

sal a gosto

Método

- Triture o coco, a cebola, a malagueta vermelha, o gengibre e a pasta de alho.
- Aqueça o óleo em uma panela. Adicione a pasta com o kokum e açafrão. Frite em fogo baixo por 5 minutos.
- Adicione os camarões, a água e o sal. Cozinhe por 20 minutos, mexendo sempre. Servir quente.

Chingdi Macher Malai

(Camarão no Coco)

serve 4

Ingredientes

2 cebolas grandes, raladas

2 colheres de sopa de pasta de gengibre

100g/3½oz de coco fresco, ralado

4 colheres de sopa de óleo vegetal refinado

500g/1lb 2oz camarões, descascados e eviscerados

1 colher de chá de açafrão

1 colher de cominho moído

4 tomates, finamente picados

1 colher de açúcar

1 colher de chá de ghee

2 cravos

2,5 cm/1 polegada de canela

2 vagens de cardamomo verde

3 folhas de louro

sal a gosto

4 batatas grandes cortadas em cubos e fritas

250ml/8fl oz água

Método

- Moa as cebolas, a pasta de gengibre e o coco até formar uma pasta lisa. Deixou de lado.
- Aqueça o óleo em uma frigideira. Junte os camarões e frite-os em lume médio durante 5 minutos. Escorra e reserve.
- Ao mesmo óleo, adicione a pasta moída e todos os ingredientes restantes, exceto a água. Refogue por 6-7 minutos. Adicione os camarões fritos e a água. Misture bem e cozinhe por 10 minutos. Servir quente.

Sorse Batata De Peixe

(Peixe em Pasta de Mostarda)

serve 4

Ingredientes

4 colheres de sopa de sementes de mostarda

7 pimentões verdes

2 colheres de sopa de água

½ colher de chá de açafrão

5 colheres de óleo de mostarda

sal a gosto

1kg/2¼lb de linguado limão, sem pele e em filetes

Método

- Triture todos os ingredientes, exceto o peixe, com água suficiente para formar uma pasta lisa. Marinar o peixe com esta mistura durante 1 hora.
- Vapor por 25 minutos. Servir quente.

Caldo de peixe

serve 4

Ingredientes

1 colher de sopa de óleo vegetal refinado

2 cravos

2,5 cm/1 polegada de canela

3 folhas de louro

5 grãos de pimenta preta

1 colher de sopa de pasta de alho

1 colher de chá de pasta de gengibre

2 cebolas grandes, bem picadas

400g / 14oz vegetais mistos congelados

sal a gosto

250ml/8fl oz água morna

500g/1lb 2 onças filetes de tamboril

1 colher de sopa de farinha branca, dissolvida em 60ml/2fl oz de leite

Método

- Aqueça o óleo em uma panela. Adicione os cravos, a canela, as folhas de louro e os grãos de pimenta. Deixe-os salpicar por 15 segundos. Adicione a pasta de alho, pasta de gengibre e cebola. Frite em fogo médio por 2-3 minutos.
- Adicione os legumes, o sal e a água. Misture bem e cozinhe por 10 minutos.
- Adicione cuidadosamente o peixe e a mistura de farinha. Misture bem. Cozinhe em fogo médio por 10 minutos. Servir quente.

Jhinga Nissa

(Camarão com Iogurte)

serve 4

Ingredientes

1 c. de sopa de sumo de limão

1 colher de chá de pasta de gengibre

1 colher de sopa de pasta de alho

1 colher de chá de sementes de gergelim

200g/7 onças de iogurte

2 malaguetas verdes, finamente picadas

½ colher de chá de folhas secas de feno-grego

½ colher de chá de cravo moído

½ colher de chá de canela em pó

½ colher de chá de pimenta preta moída

sal a gosto

12 camarões grandes, descascados e eviscerados

Método

- Misture todos os ingredientes, menos os camarões. Marinar os camarões com esta mistura durante uma hora.
- Disponha os camarões marinados em espetos e grelhe por 15 minutos. Servir quente.

Lula Vindaloo

(Lula Cozida em Molho Goês Picante)

serve 4

Ingredientes

8 colheres de sopa de vinagre de malte

8 pimentões vermelhos

3,5 cm/1½ pol. de raiz de gengibre

20 dentes de alho

1 colher de chá de sementes de mostarda

1 colher de chá de sementes de cominho

1 colher de chá de açafrão

sal a gosto

6 colheres de sopa de óleo vegetal refinado

3 cebolas grandes, bem picadas

500g/1lb 2 onças de lula, fatiada

Método

- Moer metade do vinagre com as pimentas vermelhas, gengibre, alho, sementes de mostarda, sementes de cominho, açafrão e sal até obter uma pasta lisa. Deixou de lado.
- Aqueça o óleo em uma panela. Refogue a cebola em fogo baixo até dourar.
- Adicione a pasta moída. Misture bem e refogue por 5-6 minutos.
- Adicione a lula e o vinagre restante. Cozinhe em fogo baixo por 15-20 minutos, mexendo de vez em quando. Servir quente.

Balchow de lagosta

(Lagosta Picante Cozida em Curry Goês)

serve 4

Ingredientes

400 g/14 onças de carne de lagosta picada

sal a gosto

½ colher de chá de açafrão

60ml/2fl oz vinagre de malte

1 colher de açúcar

120ml/4fl oz óleo vegetal refinado

2 cebolas grandes, bem picadas

12 dentes de alho picados finamente

1 colher de chá de garam masala

1 colher de sopa de folhas de coentro, picadas

Método

- Marinar a lagosta com sal, açafrão, vinagre e açúcar por 1 hora.
- Aqueça o óleo em uma panela. Adicione as cebolas e o alho. Frite em fogo baixo por 2-3 minutos. Adicione a lagosta marinada e o garam masala. Cozinhe em fogo baixo por 15 minutos, mexendo de vez em quando.
- Decore com as folhas de coentro. Servir quente.

Camarões com Berinjela

serve 4

Ingredientes

4 colheres de sopa de óleo vegetal refinado

6 pimenta preta

3 pimentões verdes

4 cravos

6 dentes de alho

1 cm/½ na raiz de gengibre

2 colheres de sopa de folhas de coentro, picadas

1½ colher de sopa de coco ralado

2 cebolas grandes, bem picadas

500g/1lb 2 onças de berinjela picada

250g/9 onças de camarões, descascados e eviscerados

½ colher de chá de açafrão

1 colher de chá de pasta de tamarindo

sal a gosto

10 castanhas de caju

120ml/4fl oz água

Método

- Aqueça 1 colher de sopa de óleo em uma panela. Adicione os grãos de pimenta, pimenta verde, cravo, alho, gengibre, folhas de coentro e coco em fogo médio por 2-3 minutos. Moer a mistura para uma pasta lisa. Deixou de lado.

- Aqueça o óleo restante em uma panela. Adicione as cebolas e frite em fogo médio por um minuto. Adicione as beringelas, os camarões e a cúrcuma. Refogue por 5 minutos.

- Adicione a pasta moída e todos os ingredientes restantes. Misture bem e cozinhe por 10-15 minutos. Servir quente.

camarão verde

serve 4

Ingredientes

Suco de 1 limão

50g/1¾oz folhas de hortelã

50g / 1¾oz folhas de coentro

4 pimentões verdes

2,5 cm/1 polegada raiz de gengibre

8 dentes de alho

Pitada de garam masala

sal a gosto

20 camarões médios, descascados e eviscerados

Método

- Moer todos os ingredientes, exceto os camarões, até obter uma pasta lisa. Marinar os camarões com esta mistura durante 1 hora.
- Espete os camarões. Grelhe por 10 minutos, virando de vez em quando. Servir quente.

Peixe com Coentros

serve 4

Ingredientes

3 colheres de sopa de óleo vegetal refinado

1 cebola grande, finamente picada

4 pimentões verdes bem picados

1 colher de sopa de pasta de gengibre

1 c. de sopa de pasta de alho

1 colher de chá de açafrão

sal a gosto

100g/3½oz folhas de coentro, picadas

1kg/2¼lb de salmão, sem pele e em filetes

250ml/8fl oz água

Método

- Aqueça o óleo em uma panela. Frite a cebola em fogo baixo até dourar.
- Adicione todos os ingredientes restantes, exceto o peixe e a água. Frite por 3-4 minutos. Adicione o peixe e refogue por 3-4 minutos.
- Adicione a água. Misture bem e cozinhe por 10-12 minutos. Servir quente.

peixe malai

(Peixe Cozido em Molho Cremoso)

serve 4

Ingredientes

250ml/8fl oz óleo vegetal refinado

1kg/2¼lb de filetes de robalo

1 colher de sopa de farinha branca

1 cebola grande, ralada

½ colher de chá de açafrão

250ml/8fl oz de leite de coco

sal a gosto

Para a mistura de especiarias:

1 colher de chá de sementes de coentro

1 colher de chá de sementes de cominho

4 pimentões verdes

6 dentes de alho

6 colheres de sopa de água

Método

- Moer os ingredientes da mistura de especiarias juntos. Esprema a mistura para extrair o suco em uma tigela pequena. Reserve o suco. Descarte a casca.
- Aqueça o óleo em uma frigideira. Passe o peixe na farinha e frite em fogo médio até dourar. Escorra e reserve.
- Para o mesmo óleo, adicione a cebola e frite em fogo médio até dourar.
- Adicione o suco da mistura de especiarias e todos os ingredientes restantes. Misture bem.
- Cozinhe por 10 minutos. Adicione o peixe e cozinhe por 5 minutos. Servir quente.

Caril de Peixe Concani

serve 4

Ingredientes

1kg/2¼lb de salmão, sem pele e em filetes

sal a gosto

1 colher de chá de açafrão

1 c. de chá de malagueta em pó

2 colheres de sopa de óleo vegetal refinado

1 cebola grande, finamente picada

½ colher de chá de pasta de gengibre

750ml/1¼ litro de leite de coco

3 pimentões verdes, cortados no sentido do comprimento

Método

- Marinar o peixe com sal, açafrão e pimenta em pó por 30 minutos.
- Aqueça o óleo em uma panela. Adicione a pasta de cebola e gengibre. Frite em fogo médio até as cebolas ficarem translúcidas.
- Adicione o leite de coco, a pimenta verde e o peixe marinado. Misture bem. Cozinhe por 15 minutos. Servir quente.

Camarões picantes com alho

serve 4

Ingredientes

4 colheres de sopa de óleo vegetal refinado

2 cebolas grandes, bem picadas

1 c. de sopa de pasta de alho

12 dentes de alho picados

1 c. de chá de malagueta em pó

1 colher de chá de coentro moído

½ colher de chá de cominho moído

2 tomates, bem picados

sal a gosto

1 colher de chá de açafrão

750 g/1 lb 10 oz camarões, descascados e eviscerados

250ml/8fl oz água

Método

- Aqueça o óleo em uma panela. Adicione a cebola, a pasta de alho e o alho picado. Frite em fogo médio até as cebolas ficarem translúcidas.
- Adicione os restantes ingredientes, exceto os camarões e a água. Frite por 3-4 minutos. Adicione os camarões e refogue por 3-4 minutos.
- Adicione a água. Misture bem e cozinhe por 12-15 minutos. Servir quente.

Curry de Peixe Simples

serve 4

Ingredientes

2 cebolas grandes, esquartejadas

3 cravos

2,5 cm/1 polegada de canela

4 grãos de pimenta preta

2 colheres de chá de sementes de coentro

1 colher de chá de sementes de cominho

1 tomate, esquartejado

sal a gosto

2 colheres de sopa de óleo vegetal refinado

750 g/1 lb 10 onças de salmão, sem pele e em filetes

250ml/8fl oz água

Método

- Triture todos os ingredientes, menos o azeite, o peixe e a água. Aqueça o óleo em uma panela. Adicione a pasta e frite em fogo baixo por 7 minutos.
- Adicione o peixe e a água. Cozinhe por 25 minutos, mexendo sempre. Servir quente.

curry de peixe goês

serve 4

Ingredientes

100g/3½oz de coco fresco, ralado

4 malaguetas vermelhas secas

1 colher de chá de sementes de cominho

1 colher de chá de sementes de coentro

360ml/12fl oz água

3 colheres de sopa de óleo vegetal refinado

1 cebola grande, ralada

1 colher de chá de açafrão

8 folhas de caril

2 tomates pelados e picados

2 pimentões verdes, cortados no sentido do comprimento

1 colher de sopa de pasta de tamarindo

sal a gosto

1kg/2¼lb de salmão fatiado

Método

- Moer o coco, pimenta vermelha, sementes de cominho e sementes de coentro com 4 colheres de sopa de água em uma pasta grossa. Deixou de lado.
- Aqueça o óleo em uma panela. Frite a cebola em fogo baixo até ficar translúcida.
- Adicione a pasta de coco. Frite por 3-4 minutos.
- Adicione todos os ingredientes restantes, exceto o peixe e a água restante. Refogue por 6-7 minutos. Adicione o peixe e a água. Misture bem e cozinhe por 20 minutos, mexendo de vez em quando. Servir quente.

Camarão Vindaloo

(Camarão Cozido em Caril Goês Picante)

serve 4

Ingredientes

3 colheres de sopa de óleo vegetal refinado

1 cebola grande, ralada

4 tomates, finamente picados

1½ c. de chá de malagueta em pó

½ colher de chá de açafrão

2 colheres de chá de cominho moído

750 g/1 lb 10 oz camarões, descascados e eviscerados

3 colheres de vinagre branco

1 colher de açúcar

sal a gosto

Método

- Aqueça o óleo em uma panela. Adicione a cebola e frite em fogo médio por 1-2 minutos. Adicione os tomates, pimenta em pó, açafrão e cominho. Misture bem e cozinhe por 6-7 minutos, mexendo ocasionalmente.
- Adicione os camarões e misture bem. Cozinhe em fogo baixo por 10 minutos.
- Adicione o vinagre, o açúcar e o sal. Cozinhe por 5-7 minutos. Servir quente.

Peixe em Green Masala

serve 4

Ingredientes

750 g/1 lb 10 oz espadarte, sem pele e em filetes

sal a gosto

1 colher de chá de açafrão

50g/1¾oz folhas de hortelã

100g/3½oz folhas de coentro

12 dentes de alho

5cm / 2in raiz de gengibre

2 cebolas grandes, fatiadas

5 cm/2 pol. de canela

1 c. de sopa de sementes de papoila

3 cravos

500ml/16fl oz água

3 colheres de sopa de óleo vegetal refinado

Método

- Marinar o peixe com sal e açafrão por 30 minutos.
- Triture os restantes ingredientes, excepto o azeite, com água suficiente para formar uma pasta grossa.
- Aqueça o óleo em uma panela. Adicione a pasta e frite em fogo médio por 4-5 minutos. Adicione o peixe marinado e a água restante. Misture bem e cozinhe por 20 minutos, mexendo de vez em quando. Servir quente.

Amêijoas Masala

serve 4

Ingredientes

500g/1lb 2oz amêijoas, limpas (ver<u>técnicas de culinária</u>)

sal a gosto

¾ colher de chá de açafrão

1 c. de sopa de sementes de coentros

3 cravos

2,5 cm/1 polegada de canela

4 grãos de pimenta preta

2,5 cm/1 polegada raiz de gengibre

8 dentes de alho

60g/2 onças de coco fresco, ralado

2 colheres de sopa de óleo vegetal refinado

1 cebola grande, finamente picada

500ml/16fl oz água

Método

- Vapor (ver técnicas de culinária) as amêijoas num vaporizador durante 20 minutos. Polvilhe sal e açafrão em cima deles. Deixou de lado.
- Triture os restantes ingredientes, exceto o azeite, a cebola e a água.
- Aqueça o óleo em uma panela. Adicione a pasta moída e a cebola. Frite em fogo médio por 4-5 minutos. Adicione as amêijoas cozidas a vapor e frite durante 5 minutos. Adicione a água. Cozinhe por 10 minutos e sirva quente.

peixe tikka

serve 4

Ingredientes

2 colheres de chá de pasta de gengibre

2 colheres de pasta de alho

1 colher de chá de garam masala

1 c. de chá de malagueta em pó

2 colheres de chá de cominho moído

2 c. de sopa de sumo de limão

sal a gosto

1kg/2¼lb de tamboril, sem pele e em filetes

Óleo vegetal refinado para fritura rasa

2 ovos, batidos

3 colheres de semolina

Método

- Misture a pasta de gengibre, pasta de alho, garam masala, pimenta em pó, cominho, suco de limão e sal. Marinar o peixe com esta mistura durante 2 horas.
- Aqueça o óleo em uma frigideira. Mergulhe o peixe marinado no ovo, passe na sêmola e frite em fogo médio por 4-5 minutos.
- Vire e frite por 2-3 minutos. Escorra em papel absorvente e sirva quente.

Berinjela recheada com camarão

serve 4

Ingredientes

4 colheres de sopa de óleo vegetal refinado

1 cebola grande, finamente ralada

2 colheres de chá de pasta de gengibre

2 colheres de pasta de alho

1 colher de chá de açafrão

½ colher de chá de garam masala

sal a gosto

1 colher de chá de pasta de tamarindo

180g/6½oz de camarões, descascados e eviscerados

60ml/2fl oz água

8 beringelas pequenas

10g/¼oz de folhas de coentro, picadas, para decorar

Método

- Para o recheio, aqueça metade do azeite em uma panela. Adicione a cebola e frite em fogo baixo até dourar. Adicione a pasta de gengibre, pasta de alho, açafrão e garam masala. Refogue por 2-3 minutos.
- Adicione o sal, a pasta de tamarindo, os camarões e a água. Misture bem e cozinhe por 15 minutos. Deixe esfriar.
- Com uma faca, faça uma cruz em uma das pontas de uma berinjela. Corte mais fundo ao longo da cruz, deixando a outra ponta intacta. Recheie a mistura de camarão nesta cavidade. Repita para todas as beringelas.
- Aqueça o óleo restante em uma frigideira. Adicione as beringelas recheadas. Frite em fogo baixo por 12-15 minutos, virando de vez em quando. Decore e sirva quente.

Camarões com Alho e Canela

serve 4

Ingredientes

250ml/8fl oz óleo vegetal refinado

1 colher de chá de açafrão

2 colheres de pasta de alho

sal a gosto

500g/1lb 2oz camarões, descascados e eviscerados

2 colheres de chá de canela em pó

Método

- Aqueça o óleo em uma panela. Adicione o açafrão, a pasta de alho e o sal. Frite em fogo médio por 2 minutos. Adicione os camarões e cozinhe por 15 minutos.
- Adicione a canela. Cozinhe por 2 minutos e sirva quente.

Linguado Cozido na Mostarda

serve 4

Ingredientes

1 colher de chá de pasta de gengibre

1 colher de sopa de pasta de alho

¼ colher de chá de pasta de pimenta vermelha

2 colheres de sopa de mostarda inglesa

2 c. de sopa de sumo de limão

1 colher de óleo de mostarda

sal a gosto

1kg/2¼lb de linguado limão, sem pele e em filetes

25 g / escassas folhas de coentro de 1 oz, picadas finamente

Método

- Misture todos os ingredientes, exceto o peixe e as folhas de coentro. Marinar o peixe com esta mistura durante 30 minutos.
- Coloque o peixe em um prato raso. Vapor (ver [técnicas de culinária](#)) em uma panela a vapor por 15 minutos. Decore com as folhas de coentro e sirva quente.

Curry de Peixe Amarelo

serve 4

Ingredientes

100ml/3½fl oz óleo de mostarda

1kg/2¼lb de salmão, sem pele e em filetes

4 colheres de sopa de mostarda inglesa

1 colher de chá de coentro moído

1 c. de chá de malagueta em pó

2 colheres de pasta de alho

125g/4½ oz de purê de tomate

120ml/4fl oz água

sal a gosto

1 colher de chá de açafrão

2 colheres (sopa) de folhas de coentro bem picadinhas para decorar

Método

- Aqueça o óleo em uma frigideira. Adicione o peixe e frite em fogo baixo até dourar. Vire e repita. Escorra o peixe e reserve. Reserve o óleo.
- Misture a mostarda com os coentros moídos, a malagueta em pó e o alho.

- Aqueça o óleo usado para fritar o peixe. Frite a mistura de mostarda por um minuto.
- Adicione o purê de tomate. Frite em fogo médio por 4-5 minutos.
- Adicione o peixe frito, água, sal e açafrão. Misture bem e cozinhe por 15-20 minutos, mexendo de vez em quando.
- Decore com as folhas de coentro. Servir quente.

Arroz De Cogumelos

serve 4

Ingredientes

4 colheres de sopa de óleo vegetal refinado

2 folhas de louro

4 cebolinhas, finamente fatiadas

2 cebolas grandes, bem picadas

2 tomates, bem picados

1 colher de chá de garam masala

½ colher de chá de pasta de gengibre

1 colher de cominho moído

1 colher de chá de coentro moído

½ colher de chá de pimenta em pó

150 g/5 ½ onças de cogumelos, fatiados

sal a gosto

300g/10oz de arroz cozido no vapor

Método

- Aqueça o óleo em uma panela. Adicione as folhas de louro e as cebolinhas e frite-as até que as cebolinhas fiquem translúcidas. Adicione as cebolas e frite em fogo médio até que fiquem translúcidas.

- Adicione os tomates, garam masala, pasta de gengibre, cominho moído, coentro moído e pimenta em pó. Frite por um minuto em fogo médio.
- Adicione os cogumelos e o sal. Cozinhe por 5-7 minutos. Adicione o arroz.
- Misture bem e frite em fogo baixo por 5-7 minutos. Servir quente.

Arroz De Coco Simples

serve 4

Ingredientes

1 colher de sopa de ghee

2 cravos

2,5 cm/1 polegada de canela

2 vagens de cardamomo verde

3 pimenta preta

500g/1lb 2 onças de arroz basmati

sal a gosto

250ml/8fl oz água quente

500ml/16fl oz leite de coco

60g/2 onças de coco fresco, ralado

Método

- Aqueça o ghee em uma panela. Adicione o cravo, canela, cardamomo e pimenta. Deixe-os salpicar por 30 segundos.
- Adicione o arroz, o sal, a água e o leite de coco. Cozinhe a mistura por 12-15 minutos, mexendo em intervalos frequentes.
- Decore o arroz com o coco ralado. Servir quente.

Pulão Misto

serve 4

Ingredientes

250g/9 onças de arroz de grão longo

150g/5½oz masoor dhal*

60g/2oz cuscuz

500ml/16fl oz água

4 colheres de sopa de óleo vegetal refinado

1 cebola grande, finamente picada

3 cravos

2,5 cm/1 polegada de canela

50g/1¾oz de folhas de feno-grego picadas

2 cenouras, raladas

¼ colher de chá de açafrão

1 colher de chá de garam masala

sal a gosto

Método

- Misture o arroz, o dhal, o cuscuz e a água em uma panela. Cozinhe a mistura em fogo médio por 45 minutos. Deixe esfriar.
- Aqueça o óleo em uma frigideira. Frite a cebola em fogo médio até ficar translúcida. Adicione todos os ingredientes restantes e cozinhe por 2-3 minutos.
- Adicione a mistura de dhal de arroz. Homogeneizar. Servir quente.

www.ingramcontent.com/pod-product-compliance
Lightning Source LLC
Chambersburg PA
CBHW070404120526
44590CB00014B/1255